EILEEN CAMPBELL

TEMPO DE VIVER

Aprendendo a despertar para o momento presente

SEXTANTE

Publicado em acordo com a Thorsons, uma divisão da HarperCollins Publishers, Ltd.

tradução
Iva Sofia Gonçalves Lima
preparo de originais
Valéria Inez Prest
revisão
Clara Diament
Sérgio Bellinello Soares
capa
Glenda Rubinstein
projeto gráfico e diagramação
Futura
fotolitos
R R Donnelley América Latina
impressão e acabamento
Lis Gráfica e Editora Ltda.

CIP-BRASIL CATALOGAÇÃO-NA-FONTE
SINDICATO NACIONAL DOS EDITORES DE LIVROS, RJ

C195t
Campbell, Eileen
Tempo de viver
/ Eileen Campbell ; tradução de Iva Sofia Gonçalves Lia.
– Rio de Janeiro: Sextante, 2004

Tradução de: Time to be
ISBN 85-7542-139-5

1. Conduta.
I. Título.

04-198 CDD 158.12
CDU 159.94

Editora Sextante (GMT Editores Ltda.)
Rua Voluntários da Pátria, 45 — Gr. 1.404 — Botafogo
22270-000 — Rio de Janeiro — RJ
Tel.: (21) 2286-9944 — Fax: (21) 2286-9244
Central de Atendimento: 0800-22-6306
E-mail: atendimento@esextante.com.br
www.sextante.com.br

Sumário

Introdução

HORA DE MUDAR

ESTAMOS VIVENDO UMA ÉPOCA DE PROFUNDAS transformações, tanto no campo individual quanto no coletivo. Seja qual for sua visão do futuro e do possível florescer de uma nova era, não restam dúvidas de que a oportunidade para recomeçar é agora. Em meio ao caos atual, existem muitas razões para a esperança. Temos a impressão de que estamos atingindo um novo grau de percepção; há valores e caminhos diferentes nos negócios, na medicina, na ciência, na política. Forças extraordinárias estão atuando em favor de uma mudança positiva, e muitas idéias, há poucas décadas consideradas insignificantes ou totalmente fora de propósito, agora predominam.

Esta é a hora de nos livrarmos do que já está gasto, do sofrimento e da tristeza, e de cruzarmos a fronteira para uma nova era de esperança. Precisamos de coragem para nos desapegar das coisas e perdoar o passado. Embora esperançosos com as novas oportunidades, talvez tenhamos medo de mudar — e é por isso que é fundamental acreditarmos em algo maior do que nós mesmos. Necessitamos de visão e de inspiração para imaginarmos um futuro melhor, não só para nós mas também para os outros e para nossos filhos, e nos perguntamos como podemos fazer isso.

O poder da imaginação nos permite criar o futuro. Quando concentramos nossos pensamentos e nossa energia, somos capazes de influenciá-lo. Podemos escolher. Assim como sob certo aspecto estabelecemos o presente (pela forma como reagimos aos acontecimentos da vida), também nos é possível determinar o futuro que desejamos construir. As coisas acontecem primeiro no campo mental e depois se manifestam no campo físico. Tudo depende de nós. Precisamos assumir a responsabilidade por nossa saúde e nosso bem-estar, fazer o que nos cabe em nossos lares e locais de trabalho, nas comunidades em que moramos e na arena global. O mundo parece menor graças à tecnologia e aos transportes que nos aproximam cada vez mais, enquanto cresce a percepção de que cada um de nós está ligado ao todo. Muitos argumentam que talvez estejamos nos posicionando para o próximo salto evolucionário — o salto da consciência. Esse salto envolve uma conscientização progressiva, um modo de viver cuidadoso e estável, que possibilita aflorar nossa natureza interior compassiva. Isso requer reflexão e tempo para ser, objetivo pelo qual todos nós ansiamos. É pelo fato de *ser* que nos conectamos a algo maior do que nós e encontramos a paz e a força que nos sustentam para criarmos um mundo que trabalhe em benefício de todos.

Espero que esta antologia de citações inspiradoras nos ajude a refletir sobre as qualidades das quais precisamos em nosso interior e em nossa vida, se quisermos viver plenamente no presente enquanto construímos o futuro.

Foi o melhor dos tempos,
foi o pior dos tempos,
foi a idade da sabedoria,
foi a idade da tolice,
foi a época da fé;
foi a época da incredulidade,
foi a estação da luz,
foi a estação das trevas,
foi a primavera da esperança
foi o inverno do desespero.

CHARLES DICKENS (SÉCULO XIX)

Se a humanidade não se destruir depois das coisas pavorosas que tem feito e pelas quais tem passado, um novo espírito surgirá. E esse novo espírito virá não com um estrondo mas com um silencioso despertar; não com grandes proporções e discursos mas com uma imperceptível mudança na atmosfera — uma transformação na qual cada um de nós tem um papel...

ALBERT SCHWEITZER (SÉCULO XX)

Sempre que há um declínio da justiça e a injustiça impera por toda parte, *então* me manifesto.
Eu venho ao mundo de tempos em tempos para salvar os justos, destruir os que praticam o mal e aplicar firmemente a lei.

BHAGAVAD GITA (SÉCULO II A. C. – SÉCULO II D. C.)

A desintegração do átomo transformou tudo, exceto nossa forma de pensar; por isso, caminhamos para uma catástrofe sem paralelo.

ALBERT EINSTEIN (SÉCULOS XIX-XX)

Pode parecer um paradoxo, mas acredito que se comprovará: somente se nos direcionarmos para os valores morais e espirituais, seremos capazes de atingir um estado em que a vida neste planeta deixe de ser ameaçada por uma espécie de "mega-suicídio" e passe a ter uma dimensão verdadeiramente humana. Essa renovação espiritual não é algo que um dia vá cair do céu em nosso colo ou nos será concedida por algum messias. É uma tarefa que desafia todos nós a cada momento. Podemos e devemos fazer alguma coisa a respeito — não dá para esperar por mais ninguém.

VACLAV HAVEL (SÉCULO XX)

Quem deve ascender à montanha do Senhor? E quem deve permanecer nesse lugar sagrado? Ninguém a não ser nós. Não há quem possamos enviar, nem mesmo uma imaculada mão, nenhum coração puro na face da Terra, mas somente nós, uma geração que obtém consolo das seguintes idéias: vivemos tempos perturbadores, todos os nossos inocentes antepassados estão mortos — se é que a inocência algum dia existiu —, nossos filhos são atarefados e problemáticos e nós mesmos desajustados, ainda despreparados, e cada um de nós fez escolhas erradas e tentativas infrutíferas, falhou, cedeu a impulsos e ao confortável emaranhado dos prazeres; e hoje estamos exaustos, incapazes de buscar o rumo, fracos e ocupados demais. Mas não há mais ninguém a não ser nós. Nunca houve.

ANNIE DILLARD (SÉCULO XX)

É por seu intermédio que o mundo vai se transformar.
Não há outro modo de salvá-lo.

A COURSE IN MIRACLE (UM CURSO EM MILAGRE – SÉCULO XX)

Se a humanidade está descortinando um mundo novo e uma consciência diferente, se há uma mudança transformadora acontecendo de verdade, devemos então percebê-la e ser parte dela... a natureza fundamental da transição não é o surgimento de um mundo novo, mas de uma nova maturidade do espírito e da encarnação. Não se trata necessariamente de outros poderes de percepção, mas de níveis mais profundos de responsabilidade, integridade, confiança e conexão.

DAVID SPANGLER (SÉCULO XX)

Nossos mitos e lendas nos ensinaram que precisávamos preservar o conhecimento ancestral e mantê-lo secreto para que não desaparecesse ou fosse destruído. Disseram-nos que chegaria um tempo em que nosso conhecimento seria exigido para salvar o planeta, e esse tempo é agora. É o momento de divulgarmos e partilharmos a sabedoria de nossos antepassados.

CHEFES DOS POVOS INDÍGENAS HOPI, LAKOTA, CHEROQUI, MOICANO, PAPAGO, MAORI, HAVAIANO, SAMOANO, ABORÍGINE, ESQUIMÓ – DIGNITÁRIOS DOS POVOS NATIVOS DE TODO O MUNDO (SÉCULO XX)

Escutem bem este segredo: nem todos vamos morrer, mas todos nós seremos transformados, num instante, num abrir e fechar de olhos...

1 CORÍNTIOS 15:51-2 (SÉCULO I)

A humanidade está aprendendo agora uma grande lição, que é, sem dúvida, compreendermos nossa divindade, nossa ligação com o Criador e com tudo o que existe. É entender que todas as coisas estão relacionadas e que fazemos parte desse todo.

BARBARA MARCINIAK (SÉCULO XX)

O mundo está inteiramente saturado da promessa de grandes coisas; e dia virá, um dia na infindável sucessão dos dias, em que os seres hoje latentes em nossos corpos se erguerão sobre a Terra como se estivessem sobre um escabelo, e eles tocarão as estrelas.

H. G. WELLS (SÉCULOS XIX-XX)

Só no coração do ser humano é que se encontra o mundo novo.

NIKOS KAZANTZÁKIS (SÉCULO XX)

Toda a natureza está à disposição da humanidade. Precisamos trabalhar em conjunto. Sem ela não podemos sobreviver.

HILDEGARD DE BINGEN (SÉCULO XII)

Os males pelos quais estamos passando têm origem nos primórdios do pensamento humano. Mas hoje algo está acontecendo à estrutura da consciência humana como um todo. Um novo tipo de vida está começando.

PIERRE TEILHARD DE CHARDIN (SÉCULO XX)

Como só temos agido com uma parte da nossa consciência, perturbamos o equilíbrio do universo e rompemos sua estrutura; agora ele se volta para exigir sua reparação ecológica. A degradação ambiental, a alienação, a decadência urbana e a inquietação social são espelhos da pequenez da visão que temos do ser humano e do universo.
Nosso mundo exterior reflete nossas condições interiores.

DUANE ELGIN (SÉCULO XX)

E qual é a natureza do deserto?
É uma terra onde todos vivem uma vida falsa, fazem as mesmas coisas que os outros fazem, do modo como lhes foi ensinado, sem que ninguém tenha coragem de viver sua própria vida.

JOSEPH CAMPBELL (SÉCULO XX)

Você é o modelo, o protótipo de uma espécie nova e universal — parte solar, parte material, tanto temporal quanto eterna —, a espécie que transporá o abismo entre o visível e o invisível, fazendo surgir novos mundos. É por seu intermédio que um ciclo de criação, novo e sem precedentes, acontecerá.

KEN CAREY (SÉCULO XX)

A complexidade de nosso tempo requer um uso mais amplo e mais sábio de nossas habilidades, um tocar virtuoso do instrumento que recebemos. O mundo só se desenvolve quando podemos crescer. A sociedade possível só pode se tornar realidade se aprendermos a ser os seres humanos possíveis que fomos destinados a ser.

JEAN HOUSTON (SÉCULO XX)

Tudo se restabelecerá com toda força:
os campos serão livres de porteiras, as águas puras,
as árvores altíssimas e os muros baixos.
E nos vales haverá pessoas tão fortes
e diversas como a terra.

As casas acolherão todos que chegarem,
e um transbordante sentimento de doação estará presente
em todos os relacionamentos, em você e em mim.

Nenhum anseio de vida após a morte, nenhum olhar para o além,
nenhuma indiferença pelo cessar de uma vida,
estaremos somente almejando o que nos cabe
e servindo à terra para perpetuarmos o costume.

RAINER MARIA RILKE (SÉCULO XX)

Um

APROVEITE O DIA — E VIVA NO MOMENTO PRESENTE!

NUM MUNDO DE TRANSFORMAÇÕES CADA VEZ mais aceleradas, de prazos curtos, do pouco tempo de atenção para as coisas e de decisões urgentes, o próprio tempo parece passar mais rápido. Nunca temos o bastante — somos "espremidos" por ele. A impressão é que possuímos menos tempo do que as gerações anteriores. O trabalho não cabe mais no espaço que lhe é reservado e invade nossa vida pessoal. E, mesmo que não estejamos trabalhando, a rotina doméstica, apesar dos modernos aparelhos que tornam tudo mais prático, também está cada vez mais agitada, pois tarefas como fazer compras e levar as crianças para a escola ou para as atividades de lazer consomem um tempo maior. Corremos sempre mais depressa — impacientes para chegar exatamente aonde? Vivemos como se fôssemos imortais, embora a morte nunca esteja muito longe! Em nosso afã para conseguirmos tudo, deixamos escapar as coisas realmente importantes que nos mantêm firmes e nos proporcionam equilíbrio. De alguma forma, perdemos o fio da meada, e, antes que possamos perceber, um ano já se terá passado, estaremos há meses sem ver nossos pais, nos sentiremos fartos dos relacionamentos e nossa saúde não estará boa. Enfim, convivemos com uma profunda sensação de que a vida devia ser mais do que essa atividade frenética e do que uma luta para encontrarmos o caminho através da esmagadora avalanche de informações confusas que nos bombardeiam de todas as direções. Parece que esse é o preço do progresso — levamos cada vez mais tempo filtrando dados para fazer escolhas.

É necessário parar, reduzir o ritmo e dizer não à insanidade. Temos que respirar! Precisamos encarar a vida de uma forma mais reflexiva e contemplativa. *Ser* em oposição a *fazer* significa deixar as coisas serem como são, sem nenhuma tentativa de interferir, permitindo que cada uma delas se desenrole do seu próprio jeito. Trata-se de um modo mais feminino, receptivo, holístico, intuitivo, em lugar da maneira masculina, que é dinâmica, racional e lógica. Necessitamos dos dois lados, mas em equilíbrio. Quando recuperarmos a harmonia e virarmos as costas à satisfação imediata que a sociedade impõe, teremos a chance de escolher uma forma mais agradável de viver. Para alcançar isso, temos que nos ligar ao momento presente, isto é, aceitá-lo da maneira que é, sem lhe acrescentar nada nem tentar transformá-lo, e permitir que ele flua até o momento seguinte.

O problema é que raramente vivemos no momento presente. Na maioria das vezes, ou nos concentramos no passado, preocupados com alguma coisa que nos aconteceu, ou pensamos no futuro, seja esperando por uma época em que a vida vai nos tratar magnificamente e quando seremos felizes, seja nos preocupando com o que vem lá na frente e em como vamos lidar com isso. Também há casos em que simplesmente podemos deixar de lado todos aqueles projetos que prometemos a nós mesmos que realizaríamos quando tivéssemos tempo. Contudo, cada dia nos oferece a oportunidade de recomeçar, e nunca houve um momento melhor para *ser*.

A falta de tempo é a maior das faltas de nossos tempos.

FRED POLAK (SÉCULO XX)

A borboleta conta momentos e não meses, e tem tempo de sobra.

RABINDRANATH TAGORE (SÉCULOS XIX-XX)

Zele por este momento. Mergulhe em suas particularidades. Seja sensível a quem você é, ao seu desafio, à sua realidade. Livre-se dos subterfúgios. Pare de criar problemas desnecessários para si mesmo. Este é o tempo de realmente viver, de se entregar por completo à situação em que você está agora.

EPICTETO (SÉCULOS I-II)

Quanto mais uma pessoa for capaz de dirigir sua vida de modo consciente, mais poderá usar o tempo para obter benefícios. Contudo, quanto mais for conformista, dependente, indiferente, e quanto mais trabalhar não por escolha mas por compulsão, mais ela será objeto do tempo quantitativo... Quanto menos ativa é uma pessoa — ativa no sentido de estabelecer uma direção consciente para sua vida —, mais o tempo do relógio a controla. Quanto mais ativa ela é, mais vive no tempo qualitativo.

ROLLO MAY (SÉCULO XX)

A eternidade não é o que vem depois. Eternidade não tem nada a ver com o tempo... É isso mesmo. Se você não a alcançar aqui, não fará isso em lugar nenhum. A experiência da eternidade aqui e agora é a função da vida. O paraíso não é o lugar para experimentá-la; o lugar para isso é aqui.

JOSEPH CAMPBELL (SÉCULO XX)

~

Se abrirmos os olhos e enxergarmos claramente, ficará óbvio que não existe nenhum outro tempo senão este instante e que o passado e o futuro são abstrações sem realidade concreta. Até sabermos disso, temos a impressão de que a vida se compõe de passado e futuro e que o presente não passa de uma linha finíssima que os divide. Essa é a origem da sensação da "falta de tempo", de um mundo que corre tão rapidamente que já passou antes de termos podido aproveitá-lo. Mas, ao "despertar para o momento", percebemos que a verdade é exatamente o contrário: o passado e o futuro é que são ilusões passageiras, o presente é eternamente real.

ALAN WATTS (SÉCULO XX)

~

Nossa existência é transitória como as nuvens do outono.
Observar o nascimento e a morte dos seres é como olhar os movimentos da dança.
A duração da vida é como o brilho de um relâmpago no céu, tal como uma torrente que se precipita montanha abaixo.

BUDA (SÉCULO VI A.C.)

Só quando compreendermos de verdade que nosso tempo na Terra é limitado — e não temos como saber quando ele vai acabar —, é que começaremos a amar cada dia ao máximo, como se fosse o único de nossa existência.

ELISABETH KÜBLER-ROSS (SÉCULO XX)

Gostaria ao menos de ter lembrado que os dias não eram como os tijolos que são empilhados na construção de uma casa sólida na qual alguém possa morar em segurança e em paz; eles eram, sim, apenas um alimento para as chamas do coração.

EDMUND WILSON (SÉCULO XX)

Tempo é aquilo que impede a luz de nos alcançar. Não há maior obstáculo para Deus do que o tempo.

MESTRE ECKHART (SÉCULOS XIII-XIV)

Quando não há nenhum desejo pessoal a ser satisfeito, não existe agressividade nem pressa... Como não há urgência para conquistar nada, você pode se permitir relaxar e ser sua própria companhia.

CHÖGYAM TRUNGPA (SÉCULO XX)

Enquanto tivermos uma idéia fixa ou alguma expectativa em relação ao futuro, não poderemos dar a devida importância ao momento exato que estamos vivendo.

SHUNRYU SUZUKI-ROSHI (SÉCULO XX)

~

Seu futuro não tem nada a ver com chegar a um ponto em que você pensa que precisa estar; tem relação com você perceber que *estar lá* significa *estar aqui.*

CARL A. HAMMERSCHLAG

~

Se o mundo fica desnorteado e confuso diante dos problemas, é porque, em parte, nós ocidentais divinizamos aquilo que fazemos. Ainda precisamos aprender como *ser* assim como já aprendemos como *fazer.*

PAUL BRUNTON (SÉCULO XX)

~

E os dias não são tão completos
E as noites não são tão completas,
E a vida desliza como um rato silvestre
Sem balançar a grama.

EZRA POUND (SÉCULO XX)

~

Colham botões de rosas enquanto podem,
O velho tempo continua voando:
E essa mesma flor que hoje lhes sorri
Amanhã terá fenecido.

ROBERT HERRICK (SÉCULO XVII)

~

O futuro é feito do mesmo material que o presente.

SIMONE WEIL (SÉCULO XX)

~

Pretendia fazer meu trabalho hoje,
Mas um pássaro marrom cantou na árvore,
E uma borboleta esvoaçou pelo campo,
Enquanto todas as folhas me chamavam.

E o vento começou a suspirar sobre a terra.
Agitando a grama de um lado para outro,
Então um arco-íris estendeu sua mão fulgurante —
O que eu podia fazer senão rir e acompanhá-lo?

RICHARD LE GALLIENE (SÉCULOS XIX-XX)

~

Fazer de todos os dias um bom dia, essa é a mais elevada das artes.

HENRY DAVID THOREAU (SÉCULO XIX)

Ninguém se ocupa muito com o presente; as lembranças e as expectativas preenchem quase todos os nossos momentos.

SAMUEL JOHNSON (SÉCULO XVIII)

Você apreciaria medir o infinito e incomensurável tempo.
Gostaria de ajustar sua conduta e posicionar seu espírito no mesmo curso das horas e estações.
Do tempo faria um riacho e se sentaria na margem para observá-lo fluir.

Ainda assim, o que em você foge ao tempo está ciente da eternidade da vida
E sabe que o ontem nada mais é do que a recordação de hoje e que o amanhã é o sonho de hoje.
Aquilo que em você canta e contempla ainda vive dentro daquele primeiro momento em que as estrelas foram semeadas no espaço.

KAHLIL GIBRAN (SÉCULO XX)

Ah, encha a Taça: — de que vale repetir
Que o Tempo desliza rápido sob nossos Pés.

EDWARD FITZGERALD (SÉCULO XIX)

Há pessoas que não param de se atormentar
com a lembrança de coisas passadas;
outras se afligem pelos males que virão. É tudo absurdo,
pois o que já aconteceu não nos afeta mais e o futuro ainda não nos toca...
Devemos contar cada dia como uma vida separada.

SÊNECA (SÉCULO I A.C.)

~

Às minhas costas, porém, sempre escuto
A veloz carruagem do tempo passando perto,
E ali diante de nós repousam todos os
Desertos da vasta eternidade.

ANDREW MARVELL (SÉCULO XVII)

~

Todas as coisas fluem sem cessar como esse rio,
sem descanso, noite e dia.

CONFÚCIO, *ANACLETOS* (SÉCULO VI A.C.)

~

O que restou senão a tristeza, o suplício que nos impomos e o medo? Não ficaram só as dificuldades e os males no mundo derrotado, assim que se venceu o tempo, assim que ele foi dispersado?

HERMANN HESSE (SÉCULO XX)

Preste atenção no tempo e na forma como o aproveita.
Nada é mais precioso do que o tempo. Num piscar de olhos, você pode conquistar ou perder o paraíso.

NUVEM DO DESCONHECIDO (SÉCULO XIV)

A vida é muito curta!
Passar esse momento de forma vil seria um desperdício.

WILLIAM SHAKESPEARE (SÉCULOS XVI-XVII)
HENRIQUE IV, PARTE I: ATO V.II

O tempo não passa de um riacho em que vou pescar.

HENRY DAVID THOREAU (SÉCULO XIX)

Diminui meu ritmo, Senhor!
Alivia o peso do meu coração aquietando minha mente.
Acalma meu passo apressado com a visão da Infinitude do tempo.
Concede-me, no meio da confusão dos meus dias, a serenidade das montanhas do Eterno.
Elimina as tensões dos meus nervos e músculos com a suave música dos riachos murmurantes que vivem em minha memória.
Ajuda-me a conhecer o poder mágico e restaurador do sono.

Ensina-me a arte de tirar um minuto de folga... de parar para olhar uma flor, conversar com um amigo, afagar um cão, ler algumas linhas de um bom livro.
Lembra-me, a cada dia, da fábula da raposa e do cágado para que eu possa saber que a corrida nem sempre é rápida; que há coisas mais importantes na vida do que medir sua velocidade.
Permite-me levantar os olhos para os galhos de um carvalho majestoso e entender que ele é grande e forte porque cresceu devagar e de forma saudável.
Diminui meu ritmo, Senhor, e inspira-me a fincar minhas raízes bem fundo no solo dos valores duradouros da vida, para que eu possa crescer em direção às estrelas do meu permanente destino.

EM *LOVE IS MY MEANING*, EDITADO POR E. BASSETT (SÉCULO XX)

É muito importante aprendermos a praticar a Plena Consciência da Respiração na vida diária. Enquanto estamos ocupados, nossos pensamentos vagueiam e nossas alegrias, tristezas, raivas e sensações de desconforto seguem atrás. Embora estejamos vivos, não somos capazes de conduzir a mente para o momento presente e vivemos entregues a devaneios.
Podemos começar nos tornando conscientes da respiração, acompanhando seus movimentos. Inspirando e expirando, passamos a dominar o movimento de entrada e saída do ar e nos sentimos felizes ao afirmar quem somos e que temos o controle de nós mesmos. A consciência da respiração nos torna atentos ao nosso interior e ao momento presente.

THICH NHAT HAHN (SÉCULO XX)

Os dias são feitos de momentos,
E todos merecem ser aproveitados.
Há muitos tipos de momentos,
E nenhum deve ser ignorado.
Todos temos nossos momentos...

STEPHEN SONDHEIM (SÉCULO XX)

Adote o ritmo da natureza,
seu segredo é a paciência.

RALPH WALDO EMERSON (SÉCULO XIX)

Nossa vida interior é eterna
e ainda assim nossos dias são numerados.

GUNILLA NORRIS (SÉCULO XX)

Só há um tempo em que é fundamental despertar.
Esse tempo é agora.

BUDA (SÉCULO VI A.C.)

Podemos juntar raios e formar uma roda
mas o que a permite girar
é o vazio em seu centro.

Trabalhamos o barro em forma de jarra
mas o que a torna útil
é o vazio dentro dela.

Serramos a madeira para uma casa
mas é o espaço interior
que a torna habitável.

Existimos com o ser
mas o que usamos é o vazio do ser.

LAO-TZU (SÉCULO IV A.C.)

Dois

IMAGINE O FUTURO — PERSIGA SEU SONHO

A IMAGINAÇÃO É UMA FERRAMENTA PODEROSA — aquilo que podemos imaginar somos capazes de realizar. Quando criamos uma imagem no nível mental, temos como fazê-la acontecer no plano material, desde que haja dedicação e concentração de nossa parte. "Onde não existe visão o povo perece", registra o Velho Testamento; e, no que se refere ao futuro, a visão é fundamental. É ela que nos anima nos momentos mais sombrios. Devemos usar a imaginação para conceber novas maneiras de ser. Precisamos ter um sonho só nosso, que nos revele quem realmente somos e o quanto valemos de verdade. Se emergir do fundo do nosso ser, ele será algo que realmente desejamos e aquilo de que necessitamos. É fundamental nos agarrarmos a esse sonho — a visão tem que ser respeitada todos os dias. Fazendo da imaginação uma aliada, podemos trabalhar com imagens positivas para direcionar nossos sonhos, pois o otimismo energiza a visão. Nesse processo de nos atermos ao sonho, é como se contássemos com o apoio do universo e numerosas mãos se estendessem para nos guiar. Surgem oportunidades, as portas se abrem e todos os tipos de auxílio aparecem, não se sabe de onde.

Mas o que acontece se não soubermos exatamente o que desejamos para o futuro? Como acessar ou reter a visão? Sonhar faz parte da natureza humana, e, quando perseguimos os sonhos, uma nova energia flui. Devemos nos dar tempo; se tivermos tempo para ouvir, poderemos nos conectar a um poder superior, à fonte de toda a criatividade. A inspiração jorrará para abastecer nossa imaginação, as névoas se dissiparão, e aos poucos, enquanto permitimos que a inspiração se aposse de nós, começaremos a ver o que realmente desejamos para o futuro. Quando essa visão emerge realmente do nosso íntimo e é mais pacífica, satisfatória e amorosa, não existe qualquer dúvida de que seremos capazes de fazer com que esse futuro aconteça se nos concentramos nele.

De nada tenho certeza, exceto da santidade das afeições do coração e da verdade da Imaginação.

JOHN KEATS (CARTA DE 20 DE NOVEMBRO DE 1817)

É a imaginação que dá forma ao universo.

BARRY LÓPEZ (SÉCULO XX)

O mundo da Imaginação é o mundo da Eternidade. É o seio para o qual nos dirigimos após a morte do corpo vegetativo. Esse mundo é Infinito e Eterno, enquanto o mundo da procriação é finito e temporal. Todas as coisas, em suas Formas Eternas, estão dentro do corpo divino do Salvador, a verdadeira voz da Eternidade, a Imaginação Humana.

WILLIAM BLAKE (SÉCULOS XVIII-XIX)

O mundo da realidade tem seus limites. O mundo da imaginação não tem fronteiras.

JEAN-JACQUES ROUSSEAU (SÉCULO XVIII)

Quem avança confiante na direção de seus sonhos e se empenha em viver a vida que imaginou para si encontra um sucesso inesperado em seu dia-a-dia.

HENRY DAVID THOREAU (SÉCULO XIX)

Quando nos deixamos guiar pela felicidade, nos posicionamos num tipo de caminho que sempre esteve ali, à nossa espera, e vivemos exatamente a vida que deveríamos estar vivendo.

JOSEPH CAMPBELL (SÉCULO XX)

A visão estabelece uma nova perspectiva sobre as coisas que existem. Permite que a pessoa enxergue tudo de um modo diferente em lugar de ver coisas diferentes. Afinal, ninguém escapa do *ser*, pelo menos do seu próprio ser. É a visão que dá sentido às experiências e ações quando força alguém a enfrentar um problema. Desse modo, ela oferece também uma direção ao indivíduo e lhe permite esboçar um mapa que o guiará na tarefa de encontrar a si mesmo em vez de correr para longe de si mesmo.

HERBERT V. GUENTHER (SÉCULO XX)

Seja lá o que você possa fazer ou sonhe que possa — comece agora. Existem gênio, poder e mágica na audácia.

JOHANN WOLFGANG VON GOETHE (SÉCULOS XVIII-XIX)

A vida transcorre de acordo com nossas intenções a respeito dela.

NEALE DONALD WALSCH (SÉCULO XX)

Quando algum bom propósito ou algum projeto extraordinário nos inspira, todos os nossos pensamentos se libertam, nossa mente transcende seus limites, nossa consciência se expande em várias direções e nos vemos em um mundo novo, grande e maravilhoso. Forças, habilidades e talentos adormecidos ganham vida, e descobrimos que somos muito maiores do que jamais sonhamos que pudéssemos ser.

PANTAJALI (SÉCULO II)

A imaginação é mais importante do que o conhecimento.

ALBERT EINSTEIN (SÉCULOS XIX-XX)

Nossas aspirações são nossas possibilidades.

ROBERT BROWNING (SÉCULO XIX)

~

Antes de começar qualquer coisa, lembre-se de que obstáculos e atrasos praticamente impossíveis de prever estarão à sua frente. Se você pudesse saber quais são, é óbvio que se empenharia bastante para se livrar deles, mas isso não é possível. A única coisa que você é capaz de ver claramente é o seu objetivo. Crie uma visão mental e mantenha-se fiel a ela diante de todas as dificuldades.

KATHLEEN NORRIS (SÉCULO XX)

~

A verdadeira viagem do descobrimento não consiste em procurar novas paisagens, mas em ver com novos olhos.

MARCEL PROUST (SÉCULOS XIX-XX)

~

Visão é a capacidade de acreditar no que meu coração vê, mas que os outros não conseguem ver. Visão é identificar possibilidades positivas naquilo em que os outros só detectam probabilidades negativas.

CARL A. HAMMERSCHLAG (SÉCULO XX)

~

Acredito firmemente nisso agora, não somente quanto à minha experiência pessoal mas também em relação às experiências dos outros: quando você persegue a felicidade, as portas se abrem em lugares onde você nem imaginava que elas existissem e onde mais ninguém as acharia.

JOSEPH CAMPBELL (SÉCULO XX)

~

Algumas pessoas vêem as coisas como são e perguntam: "Por quê?" Sonho com coisas que nunca existiram e pergunto: "Por que não?"

GEORGE BERNARD SHAW (SÉCULOS XIX-XX)

~

Se você construiu castelos no ar,
não pense que desperdiçou seu trabalho;
eles estão onde deveriam estar.
Agora construa os alicerces.

HENRY DAVID THOREAU (SÉCULO XIX)

~

Penso ser assim que os grandes visionários e poetas vêem todas as coisas — como se fosse pela primeira vez. A cada manhã vêem um mundo novo diante dos olhos; na verdade, eles não o vêem, eles o criam.

NIKOS KAZANTZÁKIS (SÉCULO XX)

Os ideais são como as estrelas: você não vai conseguir tocá-los com as mãos. Mas, tal como o marinheiro em águas desertas, você toma as estrelas como guias e, seguindo-as, alcança seu destino.

CARL SCHURZ (SÉCULO XIX)

Possa a visão de muitos mestres místicos de todas as tradições vir a ser realizada através de nossos esforços: a de um mundo futuro livre da crueldade e do horror, onde a humanidade consiga viver na definitiva felicidade da natureza da mente.

SOGYAL RINPOCHE (SÉCULO XX)

Jamais nos é dado ter um desejo sem que nos seja dado também o poder de torná-lo realidade. Contudo, é possível que tenhamos que lutar para alcançá-lo.

RICHARD BACH (SÉCULO XX)

O olho com que vejo Deus é o mesmo olho com que Deus me vê.

MESTRE ECKHART (SÉCULO XIII)

Quando nosso olhar se aquieta pela força da harmonia e do profundo poder da alegria, percebemos a vida no interior das coisas.

WILLIAM WORDSWORTH (SÉCULO XIX)

Como você não consegue me ver com seu olho natural, vou lhe dar um olho celestial.

BHAGAVAD GITA (SÉCULO II A.C. – SÉCULO II D.C.)

O progresso vai acontecer através de uma série de visões deslumbrantes.

VICTOR HUGO (SÉCULO XIX)

O coração não passa de um Mar de Luz,
o lugar da visão é Deus.

JALAL AL-DIN RUMI (SÉCULO XIII)

E assim virá um tempo — acredito que estejamos nele — em que a civilização terá que ser revista diante da descoberta de novos mistérios e do nada democrático mas soberano poder da imaginação... o poder que renova todas as coisas.

NORMAN O. BROWN (SÉCULO XX)

O futuro não está lá nos esperando.
Nós o criamos através do poder da imaginação.

PIR VILAYAT KHAN (SÉCULO XX)

Três

O MEDO É UMA ILUSÃO — OUSE SER VOCÊ MESMO

O MEDO É UMA RESPOSTA NATURAL AO PERIGO quando nossa vida sofre uma ameaça; mas, com bastante freqüência, temos esse sentimento sem necessidade. Podemos ter medo de cometer erros, de tentar alguma coisa nova ou de enfrentar uma disputa. É possível que a pobreza, as doenças e a velhice nos amedrontem. O medo nessas circunstâncias é paralisante — ele fecha o coração e distorce a percepção. Como resultado, nossa vida vai se restringindo, corremos menos riscos e nos limitamos a hábitos rotineiros, preferindo a comodidade, o que nos é familiar. Ao agirmos assim, falhamos por não preenchermos nosso verdadeiro potencial como seres humanos — em casos extremos deixamos até de viver — e ficamos estagnados até morrermos por dentro.

Por trás de todos os medos está a incapacidade de entendermos que não estamos separados da fonte da vida. Uma vez que tenhamos essa compreensão, podemos deixar que o medo vá embora e aprender a viver apenas no momento presente. O medo é uma ilusão. Precisamos liberar a energia potencial que é aprisionada por ele, para que sejamos capazes de viver integralmente. Devemos ser corajosos e agir "como se" não tivéssemos medo. É claro que é mais fácil falar do que fazer, mas ter coragem depende de prática. Quanto mais preparados estivermos para lutar face a face com o medo, mais capacidade teremos de triunfar.

Ganhamos força, coragem e confiança a cada experiência em que verdadeiramente paramos para enfrentar o medo.

ELEANOR ROOSEVELT (SÉCULO XX)

Não é porque as coisas são difíceis que não nos arriscamos; é porque não nos arriscamos que elas se tornam difíceis.

SÊNECA (SÉCULO I A.C.)

...a coragem não é a ausência de desespero; é mais a capacidade de seguir em frente *apesar do desespero.*

ROLLO MAY (SÉCULO XX)

Há uma maré nos assuntos humanos
Que, aproveitada na cheia, conduz à fortuna;
Se perdida, toda a viagem da vida
Será só de baixios e desgraças.
É na maré cheia que ora navegamos;
Ou aproveitamos essa corrente tão propícia
Ou perdemos nossa vez.

WILLIAM SHAKESPEARE (SÉCULOS XVI-XVII)
JÚLIO CÉSAR IV: III

Para chegar ao porto do Paraíso,
às vezes devemos navegar a favor do vento,
outras vezes contra,
mas precisamos navegar, e não ficar à deriva nem ancorados.

OLIVER WENDELL HOLMES (SÉCULO XIX)

Quem não arrisca nada não precisa de esperança para nada.

FRIEDRICH VON SCHILLER (SÉCULO XVIII)

— Venha até a borda. — Não, vamos cair.
— Venha até a borda. — Não, vamos cair.
Ele foi até a borda. Eles o empurraram e ele voou.

GUILLAUME APOLLINAIRE (SÉCULO XX)

Não tema que sua vida chegue ao fim,
mas que ela jamais tenha um começo.

CARDEAL NEWMAN (SÉCULO XIX)

A vida se retrai ou se expande de acordo com a coragem da pessoa.

ANAÏS NIN (SÉCULO XX)

Que eu não reze para ser protegido dos perigos,
mas para não ter medo de enfrentá-los.
Que eu não implore para ser aliviado da minha dor,
mas para ter coragem de vencê-la.
Que eu não procure por aliados na batalha da vida,
mas pela minha própria força.
Que eu não suplique aflito pela minha salvação,
mas espere, com paciência, para conquistar minha liberdade.

RABINDRANATH TAGORE (SÉCULOS XIX-XX)

Ter coragem diante de qualquer coisa na vida, essa é a base de tudo.

SANTA TERESA D'ÁVILA (SÉCULO XVI)

A vida só nos exige a força que já possuímos.
Só uma proeza é possível — não fugir.

DAG HAMMARSKJÖLD (SÉCULO XX)

Cada ser humano tem dentro de si uma decência e uma bondade básicas. Quando ele as ouve e age de acordo com elas, está dando uma grande parcela daquilo de que o mundo mais necessita. Não é complicado, mas a pessoa precisa de coragem para ouvir sua própria bondade interior e guiar seus atos por ela. Será que ousamos ser nós mesmos? É só isso que importa.

PABLO CASALS (SÉCULO XX)

O coração humano pode elevar-se a Deus.
Talvez tudo pareça escuro e frio, mas
não estamos no inverno. A infelicidade congelada
há séculos se quebra, estala, começa a mudar;
O estrondo é o estrondo do gelo se desprendendo,
do degelo, da enchente, da chegada da primavera.
Graças a Deus, nossa vez é agora, quando o mal
nos encara por todos os lados,
Nunca nos deixará até que comecemos a dar
o mais longo passo espiritual que o ser humano jamais deu.
As questões têm agora o tamanho da alma.
O projeto
é a exploração em busca de Deus.
Em que direção você está indo? São precisos
tantos milhares de anos para acordar,
mas será que você vai acordar, pelo amor de Deus?

CHRISTOPHER FRY (SÉCULO XX)

A falta de um pouco de coragem faz com que o mundo deixe de ganhar uma grande quantidade de talento. Todos os dias vão para o túmulo pessoas desconhecidas cuja timidez as impediu de dar o passo inicial.

SYDNEY SMITH (SÉCULO XIX)

Os heróis empreendem jornadas, enfrentam dragões e descobrem o tesouro do seu verdadeiro interior. Embora possam se sentir muito solitários durante suas aventuras, no final a recompensa é um sentido de comunhão: com eles próprios, com os outros e com o planeta. Todas as vezes que nos defrontamos com a morte, enfrentamos um dragão, e todas as vezes que escolhemos a vida sobre a morte... derrotamos o dragão; proporcionamos uma nova vida para nós mesmos e para a civilização.

CAROL PEARSON (SÉCULO XX)

Quatro

DOMINE SUA MENTE — VOCÊ É AQUILO EM QUE VOCÊ PENSA

TEMOS UMA ESCOLHA QUANDO PENSAMOS no futuro. Dispomos do poder de criar um futuro positivo ou manter os olhos fixos no abismo e sentir medo. Tudo aquilo em que pensamos ou acreditamos com muita força torna-se realidade. Basicamente, nossos pensamentos fazem surgir aquilo que eles prefiguram, e, portanto, temos tanto a capacidade de nos tornar pessoas felizes e de estarmos em paz quanto de ficarmos tristes, furiosos e deprimidos. Estima-se que a média dos seres humanos tenha cerca de sessenta mil pensamentos em um único dia!

Embora de imediato não sejamos capazes de evitar o que nos acontece, está em nosso poder determinar o tipo de reação a qualquer fato e olhá-lo de uma perspectiva diferente. Uma doença, uma decepção ou uma traição podem ser devastadoras, mas são também oportunidades para aprendermos e compreendermos. Talvez não tenhamos essa impressão logo que o fato ocorre, mas, gradativamente, ao reservarmos um pouco de tempo à reflexão, começamos a mudar nosso ponto de vista, e a dor diminui.

Na esfera mental, semelhante atrai semelhante; portanto, é importante nos concentrarmos em pensamentos inspiradores e positivos. Ao agirmos assim, escolhemos nosso futuro. Não é nada fácil, mas, se a vontade e a intenção forem fortes e se nos cercarmos de coisas que nos inspiram, como uma linda música, um quadro, uma flor... então, com tempo e paciência, passamos a progredir.

O empenho em transformar os padrões de pensamento determinará o tipo de mundo em que vivemos. Dessa maneira, exercitamos a livre e espontânea vontade para que, quaisquer que sejam as circunstâncias, possamos ajudar a criar um mundo de paz e amor, se assim quisermos.

É impossível que ocorram grandes transformações positivas no destino da humanidade se não houver uma mudança de peso na estrutura básica de seu modo de pensar.

J. S. MILL (SÉCULO XIX)

~

Todos os pensamentos que temos formam a parte do mundo que vemos. Portanto, temos que trabalhar com os pensamentos se quisermos mudar nossa percepção do mundo.

A *COURSE IN MIRACLE* (SÉCULO XX)

~

O ser humano se transforma de acordo com o que pensa.
Somos frutos de nossas obras.

CERVANTES (SÉCULO XVI)

~

Está dentro de nós ou em nossas próprias ações
Possuir a felicidade
Ou decair da felicidade para a ruína
por preguiça e negligência.

ORÍGENES (SÉCULO III)

~

Criamos a realidade segundo aquilo em que acreditamos.
A energia criativa de cada pessoa é o que faz seu mundo.

JANE ROBERTS (SÉCULO XX)

~

Grandes pessoas são as que percebem que a força espiritual é muito mais poderosa do que qualquer força material, que os pensamentos governam o mundo.

RALPH WALDO EMERSON (SÉCULO XIX)

~

Nossos pensamentos regem nossa vida.

MARCO AURÉLIO (SÉCULO II)

~

Tudo o que somos é o resultado daquilo em que pensamos: tudo o que somos está baseado em nossos pensamentos e é formado por eles. Se uma pessoa fala ou age com um pensamento maligno, o sofrimento a persegue, assim como a roda de uma carroça segue as patas do boi que a puxa.
Tudo o que somos é o resultado daquilo em que pensamos: tudo o que somos está baseado em nossos pensamentos e é formado por eles. Se uma pessoa fala ou age com um pensamento puro, a felicidade a persegue tal qual sua própria sombra, que jamais a abandona.

DHAMMAPADA – CAMINHO DA LEI (SÉCULO VI A.C.)

Você deve ser a própria mudança que deseja ver no mundo.

MAHATMA GANDHI (SÉCULO XX)

O mundo é um espelho e devolve a cada um o reflexo de seu próprio rosto.

WILLIAM MAKEPEACE THACKERAY (SÉCULO XIX)

Temos o poder de começar o mundo de novo.

THOMAS PAINE (SÉCULO XVIII)

...pode-se tirar tudo de uma pessoa menos uma coisa: a última das liberdades humanas — a de escolher sua atitude seja qual for a circunstância, a de determinar seu próprio caminho.

VIKTOR FRANKEL (SÉCULO XX)

Assim como as ondas de rádio são captadas sempre que uma estação está ligada em sua freqüência, os pensamentos de cada um de nós, em todos os momentos do dia, deslocam-se no mundo influenciando para o bem ou para o mal outra mente humana.

CHRISTMAS HUMPHREYS (SÉCULO XX)

A paz de espírito é claramente um assunto interno. Deve começar com nossos próprios pensamentos e depois se estender para o âmbito externo.
É sua própria paz de espírito que dá origem a uma percepção pacífica do mundo.

A *COURSE IN MIRACLE* (SÉCULO XX)

Quando uma pequena bolha de alegria aparecer no mar da sua consciência, retenha-a e procure aumentá-la. Medite a respeito dela e ela crescerá. Continue soprando a bolha para que ela rompa as paredes que a limitam e se transforme em um mar de alegria.

PARAMAHANSA YOGANANDA (SÉCULO XX)

Devemos praticar firmemente a paz, imaginando nossa mente como um lago sempre calmo, sem ondas, nem mesmo ondulações para perturbar sua tranqüilidade, e, aos poucos, ir desenvolvendo esse estado de paz até que nenhum acontecimento, circunstância ou pessoa consiga, sob nenhuma hipótese, agitar a superfície desse lago ou despertar dentro de nós alguma irritação, depressão ou dúvida... Embora, a princípio, tenhamos a impressão de que isso está além dos nossos sonhos, na realidade, se tivermos paciência e perseverança, estará ao alcance de todos nós.

DR. EDWARD BACH (SÉCULO XX)

A felicidade e a liberdade começam com a clara compreensão de um princípio: algumas coisas estão sob nosso controle, outras não. Só depois de lidar com essa questão fundamental e aprender a distinguir entre o que você pode e o que não pode controlar, é que a tranqüilidade interna e a eficácia externa se tornam possíveis.

EPICTETO (SÉCULOS I-II)

~

Você tem o poder de curar sua vida e precisa saber disso. Na maior parte das vezes, pensamos que somos incapazes, mas não somos. Sempre temos o poder de nossas mentes...
Reivindique seu poder e use-o conscientemente.

LOUISE HAY (SÉCULO XX)

~

A maior revolução da nossa geração é a descoberta de que os seres humanos, ao mudarem suas atitudes mentais, podem transformar os aspectos externos de suas vidas.

WILLIAM HAY (SÉCULO XIX)

~

A mente é um lugar em si mesma e
pode fazer do inferno um paraíso ou do paraíso um inferno.

JOHN MILTON (SÉCULO XVII)

— Não posso acreditar nisso — disse Alice.
— Não pode? — perguntou a rainha, com uma certa pena. — Tente de novo: inspire profundamente e feche os olhos.
Alice riu:
— Não adianta tentar. Não se pode acreditar em coisas impossíveis.
— Atrevo-me a dizer que você ainda não tem muita prática — respondeu a rainha. — Quando eu era menina, sempre praticava meia hora por dia. Ora, às vezes eu chegava a acreditar em umas seis coisas impossíveis antes do café da manhã.

LEWIS CARROLL (SÉCULO XIX)

A maioria das pessoas pensa que a vida exterior vai lhes proporcionar aquilo que desejam e buscam... A vida se apresenta como impressões, e é nesse ponto que é possível *trabalhar a si mesmo...* Ninguém pode modificar a vida exterior. Mas cada um de nós é capaz de transformar suas impressões.

MAURICE NICOLL (SÉCULO XX)

Por último, meus irmãos,
encham a mente de vocês
com tudo o que é bom e merece elogios,
isto é, tudo que é verdadeiro,
digno, correto, puro, agradável e decente.

FILIPENSES 4:8 (SÉCULO I)

Quando a visão da Realidade acontece, o véu da ignorância é completamente removido. Enquanto percebemos erroneamente as coisas, nossa falsa percepção nos distrai e nos faz infelizes. Quando corrigimos a falsa percepção, cessa também a infelicidade.

SHANKARA (SÉCULO IX)

Duas pessoas olham através da mesma janela: uma vê a lama; a outra, as estrelas.

FREDERICK LANGBRIDGE (SÉCULO XIX)

As pessoas sempre põem a culpa nas circunstâncias por serem quem são. Não acredito em circunstâncias: os indivíduos de sucesso são aqueles que saem e procuram as condições que desejam; e, se não as encontram, criam-nas.

GEORGE BERNARD SHAW (SÉCULOS XIX-XX)

Somos aquilo em que acreditamos.

ANTON TCHEKHOV (SÉCULO XIX)

A vida consiste no que a pessoa pensa o dia todo.

RALPH WALDO EMERSON (SÉCULO XIX)

A paz não é a ausência da guerra. É uma virtude, um estado mental, uma disposição para a bondade, para a confiança e para a justiça.

BARUCH SPINOZA (SÉCULO XVII)

É a mente que faz o bem ou o mal
Que faz o feliz ou o infeliz, o rico ou o pobre.

EDMUND SPENSER (SÉCULO XVI)

Não tenho a intenção de explicar nem de minimizar o verdadeiro sofrimento neste mundo.
Mas, quando algo ruim acontece e sentimos que não temos controle sobre aquela tragédia, ainda assim possuímos algum domínio sobre nossas reações. Podemos esbravejar com amargura e rancor contra a injustiça da vida, que nos privou do prazer e da alegria, ou procurar pelo bem em fontes inesperadas, até mesmo nos inimigos que conhecemos.

PHILIP YANCEY (SÉCULO XX)

Cinco

DESAPEGUE-SE — DEIXE O PASSADO PARA TRÁS

Se devemos viver no momento presente, precisamos ter uma mente aberta, livre de preconceitos e fixações e, claro, sem apego ao passado. Desapegar-se é uma das tarefas mais difíceis da vida. Costumamos nos prender a tantas coisas — a pessoas que amamos, a propriedades, a empregos e status, a opiniões, à aparência, a memórias... Os apegos, em última análise, nos causam sofrimento, porque, de uma forma ou de outra, estamos destinados a perder as coisas ou pessoas às quais estamos vinculados.

Achamos também difícil nos desligar de dores, injustiças, traições e tragédias. Tendemos a conservar feridas e cicatrizes, e também padrões de comportamento prejudiciais, em vez de apagarmos tudo isso. A raiva, o ressentimento e a culpa interferem no modo como vivemos o presente e nos impedem de superar as situações e de crescermos como seres humanos.

Na raiz desse fardo desnecessário está a incapacidade de perdoar. Quando não conseguimos perdoar e nos desapegarmos da dor, nos tornamos prisioneiros do passado e fechados para o presente e para o futuro. Voltamo-nos para nós mesmos e permitimos que nossa vida e nossos relacionamentos fiquem bloqueados ou incompletos. Se temos que recomeçar, devemos esquecer o passado; precisamos morrer para o passado e renascer — mas falar é fácil, difícil é fazer. Todos sabemos como é quase impossível perdoar — a nós mesmos, por algo que fizemos de errado; ao outro, pelo mal que nos causou; ou à própria vida, pelo fardo que nos destinou. Contudo, punir a nós mesmos ou ao outro pela nossa má vontade ou inabilidade para perdoar prejudica todos os interessados. A depressão, a baixa auto-estima, a doença e os vícios são um preço muito alto a pagar por continuarmos aferrados ao passado.

Todas as grandes tradições religiosas se ocuparam do perdão, e cada uma delas tem seu próprio método para lidar com ele: a oração, o arrependimento, a recitação de salmos, os trabalhos beneficentes e a crença no futuro, que existe para dissipar o carma de ações passadas. As religiões, de forma geral, concordam que a culpa é um fardo pesado. Portanto, diante do futuro, devemos fazer tudo que estiver ao nosso alcance para aliviarmos essa carga. Quando conseguimos nos elevar além da dor e da culpa pelo que já aconteceu, tudo parece diferente. Ficamos mais abertos para a vida e para o momento presente. Ao curarmos as feridas do passado, ganhamos como recompensa a paz de espírito.

Desapegar-se significa exatamente o que diz. É um convite para deixarmos de nos apegar a qualquer coisa — seja uma idéia, um objeto, uma época especial, um sonho, um desejo. É uma decisão consciente de nos lançarmos na torrente dos acontecimentos do presente, aceitando-os plenamente à medida que eles vão se manifestando. Desapego quer dizer abandonar repressões, oposições e disputas em troca de algo mais poderoso e completo que surge ao permitirmos que as coisas sejam como são, sem que nos deixemos prender pela atração ou rejeição que sentimos por elas, livres da obstinação que é intrínseca ao desejo, aos gostos e aversões. É como abrirmos a palma da mão para largar algo que vínhamos segurando.

JOHN KABAT-ZINN (SÉCULO XX)

~

Quando não conseguimos nos libertar do passado, não temos liberdade nenhuma, porque a mente nunca está pura, renovada, inocente. Só a mente renovada e inocente é livre.

KRISHNAMURTI (SÉCULO XX)

~

A mente deveria livrar-se do que restou do passado tal como fazem as flores da primavera.

SHUNRYU SUZUKI-ROSHI (SÉCULO XX)

~

Existe apenas uma coragem, que é a coragem de deixar o passado ir morrendo, sem colecioná-lo, sem permitir que se acumule, sem se aferrar a ele. Todos nós nos apegamos ao passado e, por essa razão, nos fechamos para o presente.

OSHO (SÉCULO XX)

Somente quando se reconhece a impermanência é que existe a chance da morte com espaço para o renascimento, bem como a possibilidade de se apreciar a vida como um processo criativo.

CHOGYAM TRUNGPA (SÉCULO XX)

Para ser um viajante neste mundo, você precisa saber como morrer e retornar à vida.

JOHANN WOLFGANG VON GOETHE (SÉCULOS XVIII-XIX)

Uma pessoa precisa morrer, isto é, libertar-se de milhares de apegos e identificações insignificantes... Ela liga-se a tudo em sua vida — à imaginação, à estupidez, até mesmo aos sofrimentos, certamente mais aos sofrimentos do que a qualquer outra coisa.

...O apego às coisas, a identificação com os objetos, mantém vivos milhares de inúteis "eus" em uma pessoa. Esses "eus" devem morrer para que um grande "eu" possa nascer. Mas como fazê-los morrer? Eles não querem desaparecer! É, então, que a possibilidade do despertar vem em nosso auxílio. Despertar significa ter consciência de que nada somos.

G. I. GURDJIEFF (SÉCULO XX)

~

Tudo o que nasceu vai morrer,
Tudo o que foi reunido será espalhado,
Tudo o que foi acumulado terá fim,
Tudo o que foi construído será derrubado,
E o que esteve nas alturas será rebaixado.

BUDA (SÉCULO VI A.C.)

~

Aquele que se deixa prender por uma Alegria
Rasga as asas da vida;
Aquele que beija a Alegria enquanto ela voa
Vive no amanhecer da Eternidade.

WILLIAM BLAKE (SÉCULOS XVIII-XIX)

Jesus respondeu:

— Eu afirmo ao senhor que isto é verdade: ninguém pode ver o Reino de Deus se não nascer de novo.

JOÃO 3:3 (SÉCULO I)

Enquanto estivermos condicionados por experiências anteriores, nossas possibilidades de mudar serão limitadas. Quando reconhecermos que o poder de transformação está no momento presente, abriremos espaço para um movimento criativo. Se permanecermos concentrados no presente, sem nos perdermos no passado nem fazermos projeções para o futuro, será possível canalizarmos todas as nossas energias para a criatividade. Tal compromisso com a vida nos afasta da identificação com nosso pequeno "eu" e nos aproxima de uma co-criação com o universo.

JUSTINE WILLIS TOMS E MICHAEL TOMS (SÉCULO XX)

Não seja escravo do passado — mergulhe em mares grandiosos, vá bem fundo e nade até bem longe; você voltará com respeito por si mesmo, com um novo vigor, com uma experiência a mais, que vai explicar a anterior e superá-la.

RALPH WALDO EMERSON (SÉCULO XIX)

É o processo de acumulação que cria os hábitos e as imitações. A mente que acumula acaba se deteriorando, perece. Mas, para a mente que não junta nada, que morre todos os dias, em todos os minutos, não existe fim. Ela mantém-se num estado de espaço infinito. Portanto, a mente deve morrer para todas as coisas que juntou — para todos os hábitos, todas as falsas virtudes, todas as coisas em que se baseou para construir um sentido de segurança. Assim, deixa de ficar aprisionada no ninho de seus próprios pensamentos. Ao morrer para o passado a cada instante, a mente se renova e, dessa forma, nunca chega a se deteriorar nem a colocar em movimento uma onda de escuridão.

J. KRISHNAMURTI (SÉCULO XX)

Somos aquilo em que acreditamos. Nosso sistema de crenças baseia-se nas experiências passadas que revivemos constantemente no presente e, dessa forma, antecipamos um futuro semelhante ao passado. As percepções atuais são tão influenciadas pelo que já ocorreu que somos incapazes de enxergar os acontecimentos imediatos em nossa vida sem distorções e limitações. Com boa vontade, podemos reexaminar quem pensamos que somos e assim conquistar um novo e profundo sentido para a verdadeira identidade.

GERALD G. JAMPOLSKY (SÉCULO XX)

Descobrimos que o destino pode ser direcionado e que ninguém precisa permanecer escravo da primeira impressão moldada na infância. Quando o espelho que deforma é quebrado, surge uma possibilidade de plenitude; apresenta-se a chance de felicidade.

ANAÏS NIN (SÉCULO XX)

Sabemos o que sentimos,
sabemos o que desejamos,
e devagar nos rendemos
para aceitar o que existe e perdoar.
O que poderia ter sido
o sal de amargura
torna-se o sal da sabedoria.

MARION WOODMAN (SÉCULO XX)

A mente que não perdoa fica cheia de medo
e não dá lugar para o amor ser o que é;
não encontra espaço para abrir suas asas em paz
e planar sobre a turbulência do mundo.
A mente que não perdoa é triste,
sem esperança de repouso e de alívio da dor.
Sofre e conforma-se com o infortúnio,
resvala na escuridão, nada vê,
mas está ciente do perigo que a cerca.

A COURSE IN MIRACLE (SÉCULO XX)

Pecadores são como espelhos; quando apontamos suas faltas, devemos perceber que elas apenas refletem o mal que existe em nós.

BA'AL SHEM TOV (ISAEL BEN ELEAZAR) (SÉCULO XVIII)

É fácil ver as faltas alheias,
difícil é ver os próprios erros.
Espalhamos as faltas dos outros como palha do trigo ao vento,
mas dissimulamos as nossas como um jogador trapaceiro manipula seus dados.

DHAMMAPADA – CAMINHO DA LEI (SÉCULO VI A.C.)

Se pudéssemos ler a história secreta de nossos inimigos, acharíamos na vida de cada um deles tristezas e sofrimentos suficientes para apaziguar qualquer tipo de hostilidade.

HENRY WADSWORTH LONGFELLOW (SÉCULO XIX)

Jamais se vanglorie
da sua falta de vaidade;
pois a vaidade é mais invisível
do que a pegada de uma formiga
em uma pedra negra
na escuridão da noite.

JAMI (SÉCULO XV)

Precisamos estar dispostos a nos livrar da vida que planejamos, para podermos viver a vida que nos espera. A pele velha tem que cair para que uma nova possa nascer.

JOSEPH CAMPBELL (SÉCULO XX)

Deus perdoa todos os pecados.

ALCORÃO (SÉCULO VII)

Devemos perdoar, não importa qual seja a injúria.

MAHABHARATA (SÉCULOS IV-V)

O perdão é a resposta ao sonho infantil para que, por milagre, o que está quebrado volte a estar inteiro e o que está sujo volte a estar limpo.

DAG HAMMARSKJÖLD (SÉCULO XX)

Que ninguém encontre defeitos nos outros. Que ninguém examine as omissões e as ações alheias. Mas que analise seus próprios atos — os que fez e os que deixou por fazer.

DHAMMAPADA – CAMINHO DA LEI (SÉCULO VI A.C.)

Não chore; não se revolte.
Compreenda.

BARUCH SPINOZA (SÉCULO XVII)

Viver sem perdoar é manter-se afastado do sagrado e do instinto mais básico do nosso coração. Viver e perdoar é escolher, em cada momento, um papel ativo na criação de relacionamentos, organizações, comunidades e de um mundo que trabalhe para o bem de todos.

ROBIN CASARJIAN (SÉCULO XX)

Somente quando praticamos o perdão é que somos capazes de alcançar a paz interior. Perdoar é permitir que o passado nos deixe e, portanto, é o meio para corrigirmos nossa percepção errônea das coisas.
Essa percepção só pode ser restaurada *agora*, e o único modo que temos de alcançá-la é pararmos de dar importância ao que pensamos que alguém nos tenha feito ou que pensamos ter feito a alguém. Através desse processo de esquecimento seletivo, ficamos livres para abraçar o presente sem precisarmos reencenar o passado.

GERALD G. JAMPOLSKY (SÉCULO XX)

Seis

CONFIE NO UNIVERSO — A RESPOSTA É A FÉ

SABEMOS TÃO POUCO A RESPEITO DO FUTURO que não podemos ter certeza de coisa alguma. As transformações são constantes e nada permanece igual por muito tempo. Além disso, como o ritmo das mudanças parece aumentar cada vez mais, é fácil nos sentirmos esmagados. Em razão da natureza secular da sociedade e ao fato de nossa cultura ser dominada por uma mídia que prioriza manchetes de impacto em lugar da espiritualidade genuína, a fé é vista como algo extremamente fora de moda.

Mas a vida é um grande mistério, e, se depositarmos confiança no materialismo, inevitavelmente nos sentiremos vazios, humilhados e traídos por um mundo imprevisível. Precisamos viver movidos pela fé, sentir que existe um poder maior do que nós mesmos — a natureza, o universo, o espírito, Deus, seja qual for o termo que usemos — e aceitar que não podemos saber todas as respostas. A fé aumenta quando nos permitimos sentir respeito por essa força criativa no centro do universo e confiamos no desenrolar do processo da vida, acreditando que esse poder sempre está ali para nos apoiar.

Todas as tradições religiosas enfatizam a importância da fé. É como uma âncora num mar agitado. A mente deseja saber o que tem à frente, como enfrentar o futuro, mas a disciplina (pois é realmente uma disciplina) da fé nos ensina a ser pacientes e confiar. Nas palavras de Julian de Norwich, místico inglês do século XIV: "Tudo será bom, tudo estará bem e todos os tipos de coisas serão bons." Cada vez mais, descobrimos que somos capazes de resistir, de confiar no universo, pois a ajuda surge, e que não estamos totalmente abandonados, ainda que a situação pareça sem esperança. Milagres acontecem.

Temos que trabalhar bastante a fé — algo difícil em tempos de privações ou de infelicidade; mas, quando nos dedicamos a ela, somos recompensados. Sem a fé a vida às vezes fica quase impossível de suportar, e é fundamental que haja uma chance de que nossos sonhos e esperanças se realizem.

Ter fé é acreditar naquilo que você não vê;
A recompensa por essa fé é ver aquilo em que você acredita.

SANTO AGOSTINHO (SÉCULOS IV-V)

Nunca vi um campo de urzes,
Nunca vi o mar;
Mas sei como as urzes são
E posso as ondas imaginar.
Nunca falei com Deus
Nem o visitei no céu;
Mas estou certa de que existe esse lugar
Como se tivesse um mapa nas mãos.

EMILY DICKINSON (SÉCULO XIX)

Deus não está distante de quem O busca,
E não é impossível vê-Lo.
Ele é como o Sol, que está sempre brilhando bem acima de nós.

MEHER BABA (SÉCULO XX)

O que congela a vida é o cinismo e o medo; o que a descongela é a fé, que a desata e liberta.

HARRY EMERSON FOSDICK (SÉCULO XX)

Creia até o fim, ainda que todos tenham se desviado e você esteja sozinho com sua fé; faça sua oferenda assim mesmo e louve a Deus em sua solidão.

FIODOR DOSTOIÉVSKI (SÉCULO XIX)

Nada te perturbe, nada te espante.
Tudo passa. Deus nunca muda.
A paciência tudo alcança.
Para quem tem Deus, nada falta.
Só Deus basta.

SANTA TERESA D'ÁVILA (SÉCULO XVI)

Deus, toma-me com Tua mão. Seguirei fielmente e não oferecerei muita resistência. Não fugirei a nenhuma das dificuldades que a vida tiver reservado para mim. Tentarei enfrentar tudo da melhor forma que puder... Jamais vou voltar a supor, em minha inocência, que os momentos de paz que surgirem em meu caminho serão eternos. Aceitarei todos os tumultos e lutas inevitáveis... Seguirei para onde quer que Tua mão me conduza e tentarei não sentir medo.

ETTY HILLESUM (SÉCULO XX)

Tudo o que já vi me ensina a confiar no Criador quanto a tudo que ainda não vi.

RALPH WALDO EMERSON (SÉCULO XIX)

Vejo o mundo ser transformado gradativamente em uma selva. Posso sentir o sofrimento de milhões de pessoas e, ainda assim, quando levanto os olhos para os céus, penso que tudo vai acabar bem, que essa crueldade também terminará e que a paz e a tranqüilidade serão restabelecidas.

ANNE FRANK (SÉCULO XX)

...se vocês tivessem fé, mesmo que fosse do tamanho de uma semente de mostarda, poderiam dizer a este monte: "Saia daqui e vá para lá", e ele iria. E vocês teriam poder para fazer qualquer coisa.

MATEUS 17:20 (SÉCULO I)

De nada vale a fé que só consegue florescer em tempo bom. A fé, para ter algum valor, deve sobreviver à mais severa das provas.

MAHATMA GANDHI (SÉCULO XX)

A pessoa que me vê em toda parte, e em mim tudo vê, nunca me perde de vista nem eu jamais a ela.

BHAGAVAD GITA (SÉCULOS II A.C. – II D.C.)

E lembrem disto: eu estou com vocês todos os dias, até o fim dos tempos.

MATEUS 28:20 (SÉCULO I)

Os ventos da graça sopram o tempo todo.
Você só precisa içar suas velas.

RAMAKRISHNA (SÉCULO XIX)

A fé dá asas à oração, que, sem elas, não consegue se elevar ao céu.

SÃO JOÃO CLÍMACO (SÉCULO VI)

Nada neste mundo é tão maravilhoso quanto a transformação por que passa uma alma quando a luz da fé se derrama sobre a luz da razão.

W. BERNARD ULLATHORNE (SÉCULO XIX)

Aqui você fala comigo
Com a máxima clareza
No meio deste
Mar de verde
Coberto de cravos e púrpura
Tão lindo este ano
Depois de muitas estações
de lento crescimento.
Aqui no jardim
da minha plantação
E da sua rega
Você me assegura que
Tudo vai ficar bem.

KATHY KEAY (SÉCULO XX)

~

Deus é nosso refúgio e nossa força,
socorro que não falta em tempos de aflição.
Por isso, não teremos medo, ainda que a terra seja abalada,
E as montanhas caiam nas profundezas do oceano.

SALMO 46:1-2

~

Alá está com aqueles que suportam *com paciência.*

ALCORÃO (SÉCULO VII)

~

A dúvida, porém, é tão crucial para a fé quanto a escuridão é para a luz. Sem uma, a outra fica sem contexto e sem significado. A fé é, por definição, incerteza. É repleta de dúvidas, impregnada de risco. Trata não dos assuntos conhecidos mas dos desconhecidos.

CARTER HEYWOOD (SÉCULO XX)

...a fé nos dá a coragem de passar da familiaridade do conhecido para o desconhecido. Permite-nos abandonar o santuário da segurança e dos limites e procurar alcançar horizontes novos e estranhos. Precisamos também da fé para compreendermos e buscarmos aquilo que é muito maior do que nós: a fé na lei universal que governa o tempo, cria as formas de vida e nos traz à consciência; a crença de que há uma identidade subjacente na multiplicidade das coisas que percebemos; a confiança de que existem uma verdade e liberdade universais que não são território de ninguém.

Quando tudo parece despencar ou estar sendo tirado de nós, recorremos a essa fé para nos levar através dos momentos escuros, confusos e difíceis da vida. A fé nos dá energia, confiança e inspiração para enfrentarmos essas situações e despertarmos para suas verdades em vez de corrermos delas. Essa fé pode ser inspirada por grandes livros, por grandes mestres do passado ou por grandes feitos, mas, no fim, ela se encontra, basicamente, no interior de cada um de nós. É o lugar onde se desenvolve nossa sabedoria, onde a verdade se revela por si mesma.

JACK KORNFIELD E CHRISTINA FELDMAN (SÉCULO XX)

A existência da fé não permite menção à impossibilidade.

TERTULIANO (SÉCULO II)

Sabemos que, se entrarmos na água sem termos nada para nos segurar e tentarmos agir como se estivéssemos em terra firme, vamos afundar. Contudo, se, por outro lado, nos confiarmos à água e nos abandonarmos a ela, vamos flutuar. Essa é, exatamente, a situação da fé.

ALAN WATTS (SÉCULO XX)

A fé do ser humano é como sua própria natureza; o ser humano, aqui, é feito de fé; tal como é sua fé, assim ele é.

BHAGAVAD GITA (SÉCULOS II A.C. – II D.C.)

A fé é o anti-séptico do espírito.

WALT WHITMAN (SÉCULO XIX)

Sete

OUÇA E PRESTE ATENÇÃO — VOCÊ OUVIRÁ A SILENCIOSA VOZ INTERIOR

SE QUISERMOS QUEBRAR O CONTROLE QUE o tempo exerce sobre nós, não há nada melhor a fazer do que nos sentarmos calmamente e ficar em silêncio. Se nosso desejo for viver de modo diferente e ter um mundo mais pacífico, temos que parar, nos calar e prestar atenção.

Quando nos aquietamos e ouvimos, a inspiração vem até nós. Artistas, escritores e compositores costumam testemunhar como o silêncio e a solidão são fundamentais para seus esforços de criação. Os místicos sempre entenderam o valor do silêncio — os Padres do Deserto foram para o deserto, os homens santos da Índia seguiram para as florestas e os monges e monjas para os conventos.

Mas, tanto para você quanto para mim, sentar-se calmamente e ouvir pode proporcionar valiosos benefícios. Quando nos sentamos serenamente, permitimos que nossa intuição flua, e ela é nada menos do que a própria força da vida. Precisamos praticar a audição, temos que entrar em sintonia com essa voz interior que nos guia e confiar no que ouvimos. Embora não estejamos pensando necessariamente nos nossos problemas, surgem respostas para eles, como num passe de mágica.

O hábito de reservar um tempo para ficarmos quietos e simplesmente ouvir nos permite desenvolver uma nova percepção. Quando vivenciamos a paz que vem do nosso interior, "a paz que perpassa todo entendimento", adotamos outra perspectiva em nossa vida e nos tornamos mais capazes de lidar com o que quer que esteja acontecendo. Quanto mais vivenciamos a paz, que é, afinal, aquilo que na verdade há muito desejamos, mais a manifestamos no dia-a-dia.

Você tem paciência de esperar a lama abaixar e a água clarear? Consegue permanecer imóvel até que a atitude correta surja por si só?

LAO-TZU (SÉCULO IV A.C)

Um desejo surge na mente. É satisfeito. Imediatamente surge outro. No intervalo que separa os dois desejos reina uma perfeita calma na mente. É nesse momento que ela está livre de qualquer pensamento, amor ou ódio. Uma paz completa se estabelece, igualmente, entre duas ondas mentais.

SWAMI SIVANANDA (SÉCULO XX)

Todas as aflições humanas decorrem da incapacidade de nos sentarmos sozinhos e em silêncio em um aposento.

BLAISE PASCAL (SÉCULO XVII)

Mentes serenas não ficam desorientadas nem amedrontadas, mas prosseguem na felicidade ou na infelicidade, cada qual com seu ritmo, como um relógio em uma tempestade.

ROBERT LOUIS STEVENSON (SÉCULO XIX)

O silêncio é o mais perfeito arauto da alegria.

WILLIAM SHAKESPEARE (SÉCULOS XVI-XVII)

Você nem precisa deixar seu lugar...
Permaneça sentado à sua mesa e ouça. Não precisa nem ouvir, simplesmente espere. Não precisa nem esperar, permaneça sozinho e em silêncio. O mundo se oferecerá espontaneamente para você desmascará-lo. Ele não tem escolha. Vai se dobrar, em êxtase, a seus pés.

FRANZ KAFKA (SÉCULO XX)

Aqueles que buscam a verdade através do intelecto e da aprendizagem acabam distanciando-se dela cada vez mais. Somente quando os pensamentos cessarem inteiramente de se ramificar em todas as direções, apenas quando abandonarmos todos os pensamentos de buscar alguma coisa, só quando nossa mente ficar tão inerte quanto um pedaço de madeira ou uma pedra, é que estaremos no caminho certo para o Portal.

HUANG-PO (SÉCULO IX)

...somente quando estamos em silêncio é que podemos começar a ouvir nossa verdadeira voz — que os quacres chamam de "...silenciosa voz interior"...
A fonte dessa voz — que embora sem som pode ser ouvida — tem muitos nomes diferentes: guia interior, anjo da guarda, guia espiritual, inconsciente coletivo ou, simplesmente, pura intuição. Na verdade, todos nós ouvimos os sussurros dessa voz a cada dia de nossa vida, mas muitos a ignoram.

RICK FIELDS (SÉCULO XX)

Diante de uma mente serena
Todo o universo se rende.

CHUANG-TZU (SÉCULO III)

Aprenda a ficar em silêncio. Deixe sua mente serena ouvir e assimilar.

PITÁGORAS (SÉCULO VI A.C.)

Ouça em silêncio profundo.
Fique bem tranqüilo e abra sua mente...
Mergulhe fundo na paz que o espera
muito além dos pensamentos frenéticos e tumultuados
e dos cenários e sons deste mundo insensato.

A *COURSE IN MIRACLE* (SÉCULO XX)

Não necessitamos de nenhuma metafísica profunda, só precisamos entender uma singela verdade: a silenciosa voz interior é o poder que destrói as ilusões deste mundo.

JOEL S. GOLDSMITH (SÉCULO XX)

Gastamos a maior parte do nosso tempo e da nossa energia com uma espécie de pensamento horizontal. Transitamos ao longo da superfície das coisas indo de um canto a outro, muitas vezes num frenesi que nos deixa esgotados. Colecionamos dados, objetos, pessoas, idéias, "experiências profundas", sem nunca nos voltarmos inteiramente a nada disso... Mas existem outras situações. Há momentos em que paramos. Sentamo-nos quietos. Nossa mente se perde na contemplação de um monte de folhas ou nas lembranças que elas trazem. Ouvimos. E, então, brisas de um outro mundo começam a sussurrar.

JAMES CARROLL (SÉCULO XX)

No momento em que concentramos a atenção em alguma coisa, até mesmo em uma folha de grama, ela se transforma em um mundo em si mesmo, misterioso, impressionante e indescritivelmente magnífico.

HENRY MILLER (SÉCULO XX)

A verdade está dentro de nós; não vem
De qualquer coisa externa em que possamos acreditar.
Em nosso interior existe um centro
Onde a verdade se aninha por inteiro; e, ao redor,
Camada sobre camada, a carne bruta envolve
Essa percepção clara e perfeita — que é a verdade.
Uma armadilha carnal desorientadora e perversa
A cinge e faz de tudo enganos; e conhecer
Consiste mais na abertura de um caminho
Por onde o esplendor aprisionado possa escapar
Do que na entrada de uma luz
Que se pensava estar lá fora.

ROBERT BROWNING (SÉCULO XIX)

A pessoa que vai até o fundo do seu próprio coração
Conhece sua verdadeira natureza;
E, ao conhecer sua verdadeira natureza, conhece o paraíso.

MÊNCIO (SÉCULO III A. C.)

Aquele que conhece o outro é perspicaz,
mas quem conhece a si mesmo é iluminado.

LAO-TZU (SÉCULO IV A.C.)

Parem de lutar e fiquem sabendo que Eu Sou Deus.

SALMO 46:10

Fiquemos em silêncio
Para que possamos ouvir os sussurros dos deuses...
Há um caminho para cada um de nós,
E, se escutarmos com humildade, ouviremos a palavra certa.

RALPH WALDO EMERSON (SÉCULO XIX)

Interroga teu peito;
Bate na porta de teu coração e pergunta-lhe o que sabe.

WILLIAM SHAKESPEARE (SÉCULOS XVI-XVII)
MEDIDA POR MEDIDA, PARTE II: ATO II

Pare de falar, pare de pensar,
e não haverá nada que você não consiga entender.
Volte às raízes e encontrará o sentido;
Persiga a luz e você perderá a fonte.
Olhe para dentro e em um instante você dominará
as coisas manifestas e o vazio.
Tudo se origina de visões errôneas.
Não há necessidade de buscar a verdade, apenas de parar de ter visões.

SENG-TS'AN (SOSAN) (SÉCULO VI)

Primeiro, fique em paz,
e assim será capaz de levar a paz aos outros.

TOMÁS DE KEMPIS (SÉCULO XV)

Certos pensamentos são orações. Há momentos em que, qualquer que seja a posição do corpo, a alma está de joelhos.

VICTOR HUGO (SÉCULO XIX)

Mais coisas se conseguem pela oração
Do que sonha este mundo.

ALFRED, LORD TENNYSON (SÉCULO XIX)

Rezamos em nossas aflições e necessidades;
deveríamos também rezar nos momentos de alegria plena e nos dias de abundância.

KAHLIL GIBRAN (SÉCULO XX)

É quando o ser humano se cala que Deus fala.

HAZRAT INAYAT KHAN (SÉCULO XX)

A paz vem de dentro da alma
Quando percebemos nossa unidade com o universo.

BLACK ELK (SÉCULO XX)

Precisamos aprender a ouvir de modos diferentes
e em lugares diferentes: no silêncio e no
barulho. Talvez porque muitos de nós tenhamos
nos esquecido da arte de escutar, também tenhamos perdido
a capacidade de rezar.

SHEILA CASSIDY (SÉCULO XX)

Rezar não tem nada a ver com pedir; tem a ver com escutar.

CHAGDUD TULKU RINPOCHE (SÉCULO XX)

O paraíso está mais perto de você do que as tiras das suas sandálias.

ALCORÃO (SÉCULO VII)

Olhei em meu coração
Lá O encontrei; Ele não estava em nenhum outro lugar.

JALAL AL-DIN RUMI (SÉCULO XIII)

Está me procurando? Estou no assento ao lado.
Meus ombros estão contra os seus.
Você não vai me achar em *stupas*, nem em templos na Índia,
nem em sinagogas, nem em catedrais;
tampouco nas missas e nos cânticos,
nem com as pernas cruzadas atrás do pescoço,
nem na comida vegetariana.

Quando você realmente me procurar, vai me ver imediatamente —
vai me encontrar bem rápido.
Kabir diz: — Aluno, diga-me, o que é Deus?
— Ele é o instante dentro do instante.

KABIR (SÉCULO XV)

~

Quando cada dia
é sagrado
quando cada hora
é sagrada
quando cada instante
é sagrado

a terra e você
o espaço e você
produzem o sagrado
através do tempo
você alcança
os campos de luz.

GUILLEVIC (SÉCULO XX)

À medida que a minha prece foi ficando mais concentrada e introspectiva, passei a ter cada vez menos coisas para dizer. Por fim, fiquei inteiramente em silêncio. Comecei a ouvir — o que significa muito mais do que abster-se de falar.
No início, pensei que rezar tivesse a ver com palavras, e então aprendi que rezar é ouvir, não simplesmente ficar em silêncio. É assim que funciona. Rezar não significa escutar alguém falando. Rezar envolve ficar quieto, em silêncio, e esperar até ouvir Deus.

SÖREN KIERKEGAARD (SÉCULO XIX)

Oito

CONTE SUAS BÊNÇÃOS — E ADMIRE-SE COM A FELICIDADE

A VIDA É UM PRESENTE, MAS NORMALMENTE não damos muita importância a isso, e nunca percebemos sua fragilidade até que algo desagradável ou trágico aconteça. Para a maioria de nós, a menos que sejamos extremamente afortunados, a vida é muito difícil, e tentamos traçar um rumo entre as pedras do caminho, para alcançarmos nosso paraíso particular. Ao lidarmos com as coisas boas e más que a vida nos apresenta, agradecer pelo que temos é um exercício maravilhoso. Acordarmos pela manhã gratos pelo descanso da noite e pelo novo dia que chega, independentemente de todas as circunstâncias, está longe de ser fácil. Quando estamos doentes ou preocupados, não somos capazes de perceber, muito menos de apreciar, as maravilhas que nos cercam: o sol, a chuva, o céu, a paisagem, um toque, um sorriso, a comida, a água ou uma bela música... Mas, se paramos para lembrar o que de fato temos, é como se acendêssemos uma luz na escuridão. Ao adotarmos uma atitude de admiração, abrimos o coração e ele se transforma em um condutor de acontecimentos bons para nossa vida. Contar as bênçãos é uma atitude que nos permite compreender o quanto somos privilegiados por estarmos aqui, participando deste extraordinário universo, e o resultado disso é a felicidade.

A felicidade, que não é a mesma coisa que prazer, é um presente que cintila pelo reconhecimento da existência de alguma coisa que nos impulsiona, que nos dá a percepção de estarmos conectados a algo maior do que nós mesmos e de que tudo está bem com o universo, apesar de seus horrores e tragédias.

Mas e sobre o outro lado da moeda? Embora possa parecer estranho, nessa parte também encontramos um presente com diversas qualidades. A maioria de nós preferiria evitar a dor e o sofrimento; porém, diante adversidade, como acontece muito freqüentemente, percebemos que também nos transformamos ao confrontá-la e lidarmos com ela. Por meio da dor (tanto física quanto emocional), podemos aprender a enfrentá-la e até mesmo a vencê-la. O sofrimento nos torna receptivos, de modo que nossa capacidade para sermos felizes revela-se maior do que nunca.

Reflita sobre suas bênçãos atuais, que todos têm muitas; não sobre insucessos passados, que todos têm alguns.

CHARLES DICKENS (SÉCULO XIX)

Olhe para este dia
Pois isto é vida, a genuína vida da vida
Em seu breve curso
Repousam todos os fatos e as verdades da nossa existência:
A alegria do crescimento
A glória da ação
O esplendor da beleza
Pois o dia de ontem não passa de um sonho
E amanhã é apenas uma visão,
Mas o hoje bem vivido
Torna todos os ontens um sonho de felicidade
E todos os amanhãs uma visão de esperança.
Olhe bem, então, para este dia!
Eis a saudação para a aurora.

CALIDASA (SÉCULO IV A.C. – SÉCULO II D.C.)

Não temos a compreensão de que a vida é um paraíso,
mas basta desejarmos entender isso
que, de repente, o paraíso aparecerá à nossa frente
em toda a sua beleza.

FIODOR DOSTOIÉVSKI (SÉCULO XIX)

A alma sempre deveria estar entreaberta, pronta para receber a experiência do êxtase.

EMILY DICKINSON (SÉCULO XIX)

~

Olhe para o sol.
Observe a lua e as estrelas.
Contemple a beleza verdejante da Terra.

Agora,
reflita.

Que encantamento
Deus proporciona
à humanidade
com todas essas coisas!

Quem nos dá todos esses presentes
brilhantes e maravilhosos, senão Deus?

HILDEGARD DE BINGEN (SÉCULO XII)

~

Ao acordar pela manhã, dê graças pela luz do sol, por sua vida e por sua força. Expresse gratidão por seu alimento e pela felicidade de viver. Se você não encontrar motivos para agradecer, o defeito está em você.

TECUMSEH (SÉCULO XIX)

O grande mar me pôs em movimento.
Leva-me sem rumo,
E vagueio como uma semente no rio.

A abóbada celeste
E a potência das tempestades
Rodeiam-me
E deixam-me
Trêmulo de alegria.

CANÇÃO ESQUIMÓ

Dance, meu amor! Dance hoje com alegria.
Os acordes do amor enchem de música os dias e as noites, e o universo escuta as melodias:
Loucas de alegria, vida e morte dançam no ritmo dessa música.
Dançam as montanhas, o mar e a terra.
Nosso mundo dança em meio a risos e lágrimas.
Por que vestir o hábito do monge e viver isolado em solitário orgulho?
Olhe! Meu coração dança deliciado com uma centena de artes: e o Criador se sente bem feliz.

KABIR (SÉCULO XV)

Somos cercados de presentes em todos os momentos do dia. Vamos nos permitir apreciar sua presença em nossa vida e levar o tempo que for preciso para conhecer o esplendor de cada um deles.

LOU G. NUNGESSER (SÉCULO XX)

~

Se a vida nos desse ao mesmo tempo tudo o que desejamos, como riqueza, poder e amigos, mais cedo ou mais tarde acabaríamos cansados deles; mas existe uma coisa que jamais nos cansa: a felicidade em si.

PARAMAHANSA YOGANANDA (SÉCULO XIX)

~

Todas as criaturas nascem na glória, na glória se mantêm e na glória voltam a desaparecer.

VEDAS (1500-2000 A.C.)

~

A gratidão segue de mãos dadas com o amor, e onde encontramos um também vemos o outro.

A COURSE IN MIRACLE (SÉCULO XX)

~

Pense na sua vida como se ela fosse um banquete em que você devesse comportar-se elegantemente. Quando lhe passarem as travessas, estenda as mãos e sirva-se com moderação. Se, por acaso, uma das travessas não lhe for oferecida, aprecie o que já está em seu prato. Ou, se a travessa ainda não tiver chegado até você, espere pacientemente sua vez.

Mantenha essa mesma atitude de polidez e gratidão em relação a seus filhos, cônjuge, carreira e finanças. Não é preciso ansiar, invejar nem se apossar de nada. Você terá sua porção legítima quando chegar a hora.

EPICTETO (SÉCULOS I-II)

Se existe um pecado contra a vida, talvez seja não o de perder a esperança, mas o de esperar por outra vida e se furtar à grandeza inexorável desta.

ALBERT CAMUS (SÉCULO XX)

Tira tudo de mim, mas deixa-me o Êxtase,
E eu serei mais rica do que todos os meus semelhantes.

EMILY DICKINSON (SÉCULO XIX)

Deus me respeita quando trabalho,
Mas Ele me ama quando canto.

RABINDRANATH TAGORE (SÉCULOS XIX-XX)

~

Toda a felicidade que existe neste mundo
Vem do desejo de que os outros sejam felizes
E todo o sofrimento que existe neste mundo
Vem do desejo individual de ser feliz.

SHANTIDEVA (SÉCULO VIII)

~

Eu me encontrava completamente sozinho com o sol e a terra. Deitado sobre a relva, falei com toda a minha alma à terra, ao sol, ao ar e ao mar distante, muito além da vista... Com toda a intensidade dos sentimentos que me engrandeciam, com toda uma verdadeira comunhão... não há como descrever a comovente profundidade desses sentimentos — rezei com eles como se fossem as chaves de um instrumento, de um órgão, com o qual fiz vibrar profundamente as notas da minha alma, aumentando minha própria voz através da sua potência.

RICHARD JEFFERIES (SÉCULO XIX)

~

Estejam sempre alegres, orem sempre e sejam agradecidos a Deus em todas as circunstâncias.

1 TESSALONICENSES 5:16-18 (SÉCULO I)

Dou graças a Deus por todas as coisas deste surpreendente dia: pelos espíritos das árvores em seus variados tons de verde e por um céu maravilhosamente azul; e por tudo que é natural, que é infinito, que é positivo.

(Eu, que estava morto, revivi hoje outra vez, e é o dia do nascimento do sol; é o dia do nascer da vida e do amor, das asas e do infinitamente grande e alegre acontecimento da Terra.)

Como poderiam o paladar, o tato, a audição, a visão e o olfato — alçados da negação de todo o nada — humanos simplesmente duvidar do inimaginável Vós?

(Agora os ouvidos dos meus ouvidos despertam e os olhos dos meus olhos estão abertos.)

E. E. CUMMINGS (SÉCULO XX)

A gratidão é o próprio paraíso.

WILLIAM BLAKE (SÉCULOS XVIII-XIX)

O choro pode durar a noite inteira,
mas de manhã vem a alegria.

SALMO 30:5

Todos os dias são divindades, cada dia é uma divindade,
e o sagrado faz digressões no tempo.
Reverencio cada divindade,
Louvo cada dia que se põe
envolto no tempo como uma casca,
um silêncio de várias cores que se dispersam
quando o alvorecer cobre velozmente a rachadura da montanha.

ANNIE DILLARD (SÉCULO XX)

Venham todos, e louvemos a Deus, o Senhor!
Cantemos com alegria à rocha que nos salva.
Vamos comparecer diante Dele
com ações de graças,
cantando alegres hinos de louvor.
Pois o Senhor é Deus poderoso;
é Rei poderoso
acima de todos os deuses.
Ele reina sobre o mundo inteiro,
Desde as cavernas mais profundas
Até os montes mais altos.
O Senhor reina sobre o mar, que Ele fez,
e também sobre a terra, que Ele mesmo formou.
Venham, fiquemos de joelhos e adoremos o Senhor.
Vamos nos ajoelhar diante do nosso Criador.

SALMO 95:1-6

Sou tomado de alegria
quando o dia amanhece sereno
lá no alto do céu.

A vida foi maravilhosa
no inverno.
Mas o inverno me fez feliz?
Não, me preocupei o tempo todo
com o couro para as solas das botas
e para as botas,
e se haveria o bastante para
todos nós.
É, não parei de me preocupar.

A vida foi maravilhosa
no verão.
Mas o verão me fez feliz?
Não, passei o tempo todo preocupado
com as peles das renas e com as mantas para os estrados.
É, não parei de me preocupar.

A vida foi maravilhosa
vendo você ali de pé em seu buraco de pesca
sobre o gelo.
Mas será que eu estava mesmo feliz no meu?
Não, passei o tempo todo preocupado
com meu pequeno anzol
caso ele nunca viesse a ser fisgado.
É, não parei de me preocupar.

A vida foi maravilhosa
Quando você dançou na festa.

Mas será que isso me fez mais feliz?
Não, passei o tempo todo preocupado
em não esquecer minha canção.
É, não parei de me preocupar.

A vida foi maravilhosa...
E ainda sinto alegria
sempre que o dia amanhece
e ilumina a escuridão
a cada vez que o sol
sobe para o alto do céu.

CANÇÃO ESQUIMÓ (SÉCULO XX)

Um coração agradecido não é somente a maior das virtudes,
Ele é a origem de todas as outras.

MARCO TÚLIO CÍCERO (SÉCULO I A.C.)

Ó Senhor Deus, lavo as mãos
para mostrar que estou inocente.
Com os que te adoram,
Ando em volta do Teu altar
cantando um hino de gratidão
e falando de Tuas obras maravilhosas.

SALMO 26:7

Deus tem duas moradas, uma no céu e a outra dentro de um coração manso e agradecido.

ISAAC WALTON (SÉCULO XVII)

Eu Te louvarei por teres me criado de modo tão admirável e maravilhoso.

PRAYER BOOK (LIVRO DE PRECES) (1662)

Sua luz, minha luz, a luz que preenche o mundo, o centro dançante da minha vida, o céu se descortina impetuosamente, o vento corre selvagem e o riso passa sobre a Terra.

As borboletas abrem as asas e planam nos mares de luz; as flores dos lírios e jasmins ondulam na crista das ondas de luz.

Agora o rio do paraíso inunda as margens, torrentes de alegria jorram em todas as direções; imediatamente a alegria passa de folha a folha e a felicidade sem limites toma seu lugar.

RABINDRANATH TAGORE (SÉCULOS XIX-XX)

Damos graças à nossa mãe, a Terra,
que nos sustenta.
Damos graças aos rios e riachos,
que nos suprem de água.
Damos graças a todas as ervas,
que nos fornecem remédios para curar doenças.
Damos graças ao milho e suas irmãs,
as leguminosas e aboboreiras,
que nos concedem vida.
Damos graças ao vento,
que, deslocando o ar,
afasta as doenças.
Damos graças à lua e às estrelas,
que nos cedem sua luz quando o sol vai embora.
Damos graças ao sol,
que dirigiu para a Terra seu olhar benéfico.
Finalmente, damos graças ao Grande Espírito,
que personifica toda a bondade
e que direciona todas as coisas para o bem de seus filhos.

ORAÇÃO IROQUESA (SÉCULO XX)

Abençoar significa desejar, de modo incondicional e completo, lá do fundo do nosso coração, o bem irrestrito para os outros e para os acontecimentos: quer dizer santificar, reverenciar, contemplar com admiração absoluta aquilo que é sempre um presente do Criador. Ele, que é santificado pela nossa oração, é único, consagrado, venerado, completo. Abençoar é, ainda, invocar os cuidados divinos para alguém, falar ou pensar com gratidão, dar alegria — embora nós mesmos nunca sejamos quem a concede, mas simplesmente as felizes testemunhas da abundância da vida.
Abençoar todas as coisas sem nada discriminar é a forma máxima de doação, porque aqueles que você abençoa nunca saberão de onde surgiu o súbito raio de luz que irrompeu no céu de suas vidas, e você raramente será uma testemunha da luz do sol na existência deles.

PIERRE PRADERVAND (SÉCULO XX)

Em toda parte, uma grande alegria é precedida por um grande sofrimento.

SANTO AGOSTINHO (SÉCULOS IV-V)

Foi só quando fiquei lá, naquela palha apodrecida da prisão, que percebi dentro de mim as primeiras sensações do bem. Aos poucos compreendi perfeitamente que a linha divisória entre o bem e o mal não passa por países, classes, tampouco por partidos políticos, mas diretamente pelo coração humano — por todos os corações humanos... Lá alimentei minha alma e afirmo, sem hesitar: bendita sejas tu, prisão, por teres acontecido em minha vida.

ALEXANDER SOLJENITSYN (SÉCULO XX)

Nove

TENTE UM POUCO DE BONDADE — A CHAVE É A COMPAIXÃO

À MEDIDA QUE AVANÇAMOS EM DIREÇÃO a uma nova era, uma qualidade entre as que precisamos desenvolver é superior às demais — a compaixão. É algo que, desde os primórdios da História, todos os grandes filantropos e mestres de diferentes tradições religiosas têm destacado. A compaixão é a chave, uma espécie de cola cósmica, que mantém o universo unido. Não estamos separados — seja lá o que o ego possa pensar! —, mas somos partes de um todo, como a ciência está começando a demonstrar. E se assim somos, então o modo como nos comportamos e pensamos, e o que fazemos, exerce um efeito sobre o todo. Cada um de nós faz diferença. Por isso, nada mais apropriado do que praticar a compaixão.

Mas de que modo podemos sentir amor e empatia quando tudo à nossa volta parece escuro e sem esperança? Simplesmente tomando a decisão consciente de sermos mais amorosos e de fazer disso uma prática. Não é tão difícil assim — começamos por nós mesmos, reservando um tempo só para nós, nos dispensando cuidados pessoais, nutrindo a mente e o corpo com as coisas importantes da vida. Isso não tem nada de narcisismo ou egoísmo. A verdade é que, se nos sentirmos bem conosco e aceitarmos verdadeiramente quem somos, seremos mais capazes de ter compaixão pelos outros. Estaremos mais dispostos a amar o próximo como a nós mesmos. Ao nos tratarmos com gentileza, teremos mais facilidade de sentir empatia com o sofrimento do outro. Uma palavra bondosa, a mão estendida e a dedicação pessoal, em termos de tempo e de esforço, são o resultado natural do amor por si próprio e não o efeito de sair por aí "fazendo o bem".

E, quando damos amor, ele volta para nós e torna nossa vida feliz e significativa. A compaixão, por si mesmo e pelos demais, requer prática; exercitando-a, ficamos mais sábios e mais realizados.

Sorrio ao acordar esta manhã. Vinte e quatro horas novinhas estão diante de mim. Prometo vivê-las plenamente em cada momento e olhar com compaixão para todos os seres.

THICH NHAT HAHN (SÉCULO XX)

Onde quer que haja um ser humano, há uma oportunidade para o bem.

SÊNECA (SÉCULO I A.C.)

Três coisas são importantes na vida humana:
a primeira é ser uma boa pessoa, a segunda é ser uma boa pessoa e a terceira é ser uma boa pessoa!

HENRY JAMES (SÉCULO XIX)

Minha religião é muito simples. Minha religião é a bondade.

TENZIN GYATSO, 14º DALAI-LAMA DO TIBET (SÉCULO XX)

A pessoa deve aprender primeiro a cuidar de si mesma, para que então possa se atrever a cuidar de alguém. É do que se precisa para fazer cantar o pássaro na gaiola.

MAYA ANGELOU (SÉCULO XX)

Nenhum ser humano se sente bem sem sua própria aprovação.

MARK TWAIN (SÉCULO XIX)

A compaixão é um sentimento natural que, ao moderar a violência do amor pelo próprio ego em cada indivíduo, contribui para a preservação de toda a espécie. É ela que nos impele a consolar imediatamente aqueles que estão sofrendo sem que tenhamos pensado sobre isso antes.

JEAN-JACQUES ROUSSEAU (SÉCULO XVIII)

Você precisa amar primeiro a si mesmo antes de amar alguém. Ao aceitar a si próprio e ser plenamente quem você é... sua simples presença é capaz de fazer os outros felizes.

JANE ROBERTS (SÉCULO XX)

Celebro e louvo a mim mesmo...
Sou grande, melhor do que pensava.
Eu não sabia que possuía tanta bondade.

WALT WHITMAN (SÉCULO XIX)

O ser humano é parte de um todo que chamamos de universo — uma parte limitada no tempo e no espaço. Ele vivencia seu próprio ser, seus pensamentos e sentimentos como coisas separadas do resto, uma espécie de ilusão de óptica da sua consciência.
Essa ilusão é um tipo de prisão; ela nos limita a tomar decisões e a dedicar afeição às poucas pessoas que nos rodeiam.
Devemos nos libertar dessa prisão ampliando nosso círculo de compaixão, para que possamos abranger todas as criaturas vivas e a totalidade da natureza em seu esplendor.

ALBERT EINSTEIN (SÉCULOS XIX-XX)

O que nos mantém unidos, o que faz desta terra uma família e de todos nós irmãos e filhos de Deus, é o amor.

THOMAS WOLFE (SÉCULOS XIX-XX)

Se houver algum tipo de gentileza que eu possa demonstrar ou alguma coisa boa que eu possa realizar para qualquer ser humano, que eu o faça agora, nada me impeça nem me leve a desprezá-la, pois não devo passar novamente por este caminho.

WILLIAM PENN (SÉCULO XVII)

Embora tenha encontrado grande auxílio na minha própria religião budista para gerar amor e compaixão, estou convencido de que essas qualidades podem ser desenvolvidas por qualquer pessoa que tenha ou não uma religião. Acredito, além disso, que todas as religiões perseguem os mesmos objetivos: cultivar a bondade e proporcionar felicidade a todos os seres humanos. Ainda que os meios possam parecer diferentes, os fins são os mesmos.

TENZIN GYATSO, 14º DALAI-LAMA DO TIBET (SÉCULO XX)

A humanidade é interdependente, e a felicidade de cada um depende da felicidade de todos. Essa é a primeira e última lição que a humanidade tem que aprender hoje.

HAZRAT INAYAT KHAN (SÉCULO XX)

Aprendemos a amar amando — prestando atenção e fazendo aquilo que alguém descobre que tem de ser feito.

ALDOUS HUXLEY (SÉCULO XX)

~

O caminho não está no céu. O caminho está no coração.

DHAMMAPADA – CAMINHO DA LEI (SÉCULO VI A.C.)

~

Jamais, em todo o mundo, o ódio acabou com o ódio; o que acaba com o ódio é o amor.

BUDA (SÉCULO VI A.C.)

~

Uma palavra nos liberta de todo o peso e sofrimento da vida: essa palavra é amor.

SÓFOCLES (SÉCULO V A.C.)

~

O amor é tudo que temos, o único caminho pelo qual um pode ajudar o outro.

EURÍPIDES (SÉCULO V A.C.)

Se você se sentar ao pôr-do-sol
E enumerar as coisas que fez
E, contando, encontrar
Alguma atitude desinteressada, uma palavra
Que tenha aliviado o coração de quem a ouviu,
Um olhar mais bondoso
Que tenha caído como um raio de sol —
Então você pode considerar esse dia como bem vivido.

Mas, se, ao longo de todo esse dia,
Você, por indecisão, não consolou nenhum coração —
Se, durante todo esse dia,
Não tiver feito nada que possa registrar,
Nada que tenha levado a luz do sol à face de alguém —
Nenhuma atitude, nem a menor delas,
Que tenha ajudado alguma alma sem nada custar —
Então considere esse dia pior do que perdido.

GEORGE ELIOT (SÉCULO XIX)

~

O amor torna doces as coisas amargas; o amor transforma o cobre em ouro. Pelo amor, a borra fica limpa; pelo amor, o sofrimento transforma-se em cura.
Pelo amor, os mortos são trazidos à vida; pelo amor, um rei torna-se escravo.

JALAL AL-DIN RUMI (SÉCULO XIII)

~

Não perca tempo pensando se você "ama" seu próximo; aja como se amasse. Assim que fazemos isso, descobrimos um dos maiores segredos. Quando agimos como se amássemos alguém, acabamos, em pouco tempo, vindo a amá-lo.

C. S. LEWIS (SÉCULO XX)

~

Se eu puder evitar que um coração se parta,
Não terei vivido em vão;
Se puder aliviar a dor de alguém,
Ou acalmar uma aflição,
Ou socorrer um pássaro desmaiado
Até ele se recuperar,
Não terei vivido em vão.

EMILY DICKINSON (SÉCULO XIX)

~

A amizade é o paraíso e a falta dela é o inferno; a amizade é a vida e a falta dela é a morte; e é também por amizade que realizamos todos os atos sobre a Terra.

WILLIAM MORRIS (SÉCULO XIX)

~

Não é preciso sair buscando um remédio para os males de nossos tempos. Ele já existe — é a dádiva de nos dedicarmos àqueles que caíram tão baixo que lhes falta até mesmo a esperança. Abra inteiramente seu coração.

RENÉ BAZIN (SÉCULOS XIX-XX)

~

A máxima sabedoria é a bondade.

TALMUDE (SÉCULO IV)

~

De uma coisa sabemos. A Terra não pertence ao ser humano, ele é que pertence à Terra. Disso estamos cientes. Todas as coisas estão vinculadas, como o sangue que corre em uma família. O que quer que aconteça à Terra acontece aos filhos da Terra. O ser humano não tece a teia da vida, ele é meramente um fio dela. O que quer que ele faça à teia faz a si mesmo.

CHEFE SEATTLE (SÉCULO XIX)

~

Nenhuma pessoa é uma ilha, isolada em si mesma;
Cada ser humano é um pedaço do continente, uma parte do todo;
Se um torrão for arrastado pelo mar,
A Europa ficará menor, como se fosse um promontório,
Como se fosse a casa de teus amigos
Ou a tua própria;
A morte de qualquer pessoa me diminui, porque sou parte da humanidade;
Portanto, nunca procures saber por quem os sinos dobram;
Eles dobram por ti.

JOHN DONNE (SÉCULOS XVI-XVII)

~

Se você conseguir aprender um truque simples, conseguirá relacionar-se muito melhor com todos os tipos de pessoas. Nunca entendemos realmente alguém até que consideremos as coisas sob o ponto de vista dele... até que entremos em sua pele e circulemos com ela por aí.

HARPER LEE (SÉCULO XX)

~

Devemos expandir o círculo do nosso amor até que ele englobe todo o nosso bairro; do bairro, por sua vez, deve desdobrar-se para toda a cidade; da cidade para o estado, e assim sucessivamente até o objeto do nosso amor incluir todo o universo.

MAHATMA GANDHI (SÉCULO XX)

O ser humano deve desenvolver, para todos os seus conflitos, um método que rejeite a vingança, a agressão e a retaliação. A base para esse tipo de método é o amor.

MARTIN LUTHER KING (SÉCULO XX)

O meu mandamento é este: amem uns aos outros como eu amo vocês.

JOÃO 15:12

Você ama seu Criador? Então ame primeiro seu próximo.

ALCORÃO (SÉCULO VII)

Com aqueles que são bons para mim, sou bom. Com aqueles que não são bons comigo, sou bom também. Assim, todos acabam sendo bons.

LAO-TZU (SÉCULO IV A.C)

Mas eu digo a vocês que estão me ouvindo: amem seus inimigos e façam o bem para os que os odeiam. Desejem o bem para aqueles que os amaldiçoam e orem em favor daqueles que os maltratam.

LUCAS 6:27-29 (SÉCULO I)

Todas as coisas são apenas partes de um estupendo conjunto
Cujo corpo é a natureza, e Deus é a alma.

ALEXANDER POPE (SÉCULO XVIII)

O amor sozinho pode nos unir para que nos sintamos completos e realizados... pois ele sozinho nos reúne através do que há de mais profundo dentro de nós. Tudo que precisamos fazer é imaginar nossa habilidade para desenvolver o amor até que ele se estenda à totalidade dos seres humanos e da Terra.

PIERRE TEILHARD DE CHARDIN (SÉCULO XX)

Não há caminho maior do que o amor.
Não há lei maior do que o amor.
Não há nenhuma meta além do amor.
Deus e amor são a mesma coisa.

MEHER BABA (SÉCULO XX)

Só o coração permite que alguém veja corretamente.
O essencial é invisível aos olhos.

ANTOINE DE SAINT-EXUPÉRY (SÉCULO XX)

~

O amor não muda com as horas ou semanas,
Mas se mantém até o Dia do Juízo.

WILLIAM SHAKESPEARE (SÉCULOS XVI-XVII)

~

Não há dificuldade que bastante amor não supere,
nenhuma doença que bastante amor não cure;
nenhuma porta que bastante amor não abra;
nenhum abismo que bastante amor não transponha;
nenhuma parede que bastante amor não derrube;
nenhum pecado que bastante amor não redima...
Não faz diferença quão profundamente enraizado
possa estar o problema; quanta desesperança ele aparente;
quanto a história esteja embaralhada; quão grande seja o erro.
Bastante amor vai dissolver tudo isso.
Se você fosse a única pessoa que pudesse amar bastante, seria o mais feliz e o mais poderoso ser humano do mundo.

EMMET FOX (SÉCULO XX)

~

Uma palavra nos liberta de todo o peso e sofrimento da vida; essa palavra é amor.

SÓFOCLES (SÉCULO V A.C.)

O amor é o remédio para a enfermidade do mundo: uma receita sempre prescrita, mas raramente tomada.

KARL A. MENNINGER (SÉCULO XX)

Bem lá no fundo você sabe que só existe uma única mágica, um único poder, uma única salvação... e que ela se chama amor.

HERMANN HESSE (SÉCULO XX)

E, de certa maneira, o amor é tudo. É a chave para a vida, e suas influências são aquelas que movem o mundo. Viva apenas com o pensamento de amor por todas as coisas e você vai atrair o amor de todas as coisas para si mesmo.

RALPH WALDO TRINE (SÉCULO XIX)

As palavras de Jesus "Amem uns aos outros como eu vos amei" não devem ser apenas uma luz para nós, mas uma chama que arda dentro de nós.

MADRE TERESA (SÉCULO XX)

O amor é algo que eu e você temos que ter. Temos que ter porque nosso espírito se alimenta dele. Temos que ter porque sem ele ficamos fracos e sufocados... Na ausência dele, nossa coragem fraqueja. Sem amor, não podemos olhar confiantemente o mundo. Viramos para dentro... e, aos poucos, nos destruímos. Com ele, somos criativos. Com ele, marchamos sem descanso. Com ele, e apenas com ele, somos capazes de nos sacrificar pelos outros.

CHEFE DAN GEORGE (SÉCULO XX)

Quando você for sensivelmente tocado, cairão os véus dos seus olhos; e pelos olhos penetrantes do amor perceberá o que seus outros olhos jamais veriam.

FRANÇOIS DE LA MOTHE FÉNELON (SÉCULO XVIII)

Desde o momento do nosso nascimento, ficamos sob os cuidados e sob a bondade de nossos pais. Mais tarde, quando somos debilitados pela doença e ficamos velhos, voltamos a ser dependentes da bondade dos outros. Portanto, se no começo e no fim de nossa vida somos dependentes da bondade de alguém, como pode ser que no meio dela negligenciemos a bondade em relação aos outros?

TENZIN GYATSO, 14º DALAI-LAMA DO TIBET (SÉCULO XX)

~

Experimente tratar com amor igual todas as pessoas com as quais você se relaciona. Assim, o abismo entre "eu" e "você" será preenchido, o que é o propósito de todos os cultos religiosos.

ANANDAMAYI MA NIRMALA SUNDARI DEVI (SÉCULO XX)

~

A alma é feita de amor e deve sempre se esforçar em voltar para o amor. Dessa forma, ela nunca encontrará descanso nem felicidade em outras coisas. É preciso que se perca no amor. Por sua própria natureza, a alma tem que buscar Deus, que é amor.

MECHTHILD DE MAGDEBURG (SÉCULO XIII)

~

O amor não busca outro motivo e nenhum fruto fora de si; ele é seu próprio fruto, seu próprio deleite. Amo porque amo; amo para poder amar.

SÃO BERNARDO (SÉCULO XII)

Um fato simples permanece, entretanto: quanto mais fortes e radiantes somos, mais podemos servir como uma influência positiva no mundo. Quanto mais felicidade proporcionamos ao mundo, melhor é para todos nós.

DAN MILLMAN (SÉCULO XX)

O amor não busca agradar a si mesmo
Nem destina qualquer cuidado a si próprio,
Mas se dá facilmente ao outro,
E constrói um Paraíso no desespero do Inferno.

WILLIAM BLAKE (SÉCULOS XVIII-XIX)

Dez

EXISTE UM PROPÓSITO — A VIDA É UMA GRANDE OPORTUNIDADE

NESTE MUNDO DE ATIVIDADE FRENÉTICA, que supervaloriza o sucesso material e o consumo, é fácil perdermos de vista o verdadeiro sentido da vida. O status e a riqueza claramente não conferem significado à vida — na verdade, é maior a chance de fazerem dela algo menor, como os jornais demonstram freqüentemente com as histórias de pessoas ricas e famosas que se voltaram para a bebida e as drogas ou se suicidaram.

Uma noção de propósito na vida é tão vital quanto o ar que respiramos ou a comida e a água de que necessitamos para nos manter. Sem significado, a vida murcha.

Todos desejamos nos sentir felizes e realizados, porém isso não é o mesmo que ter experiências agradáveis. Trata-se, mais exatamente, de alimentarmos a alma. Encontramos um sentido nos esforçando para obter algo que valha a pena, fazendo uso de nossos talentos e por meio de relacionamentos — em outras palavras, mostrando que amadurecemos plenamente como seres humanos. Em última análise, é a conexão com uma realidade maior — o todo, o universo, Deus, Espírito, seja lá o nome que usemos — que dá à nossa vida uma razão de ser.

Mas o que dizer da adversidade e da dor? Ambas parecem não fazer muito sentido até entendermos que elas podem ser um estímulo para o crescimento espiritual e a transformação. Elas são os verdadeiros meios pelos quais crescemos como seres humanos. Ao lidarmos com as dificuldades, muitas vezes somos capazes de perceber que existe um significado no sofrimento. A tristeza pode abrir nosso coração e nos tornar mais compassivos, enquanto o mal nos dá a oportunidade de sermos corajosos e triunfar sobre ele. Basicamente, a vida nos fornece a oportunidade de aprendermos e adquirirmos sabedoria — e é nesse aspecto que está a serenidade.

Somente os seres humanos chegaram a um ponto em que já não sabem a razão de sua existência.
Eles... esqueceram o conhecimento secreto de seus corpos, de seus sentidos, de seus sonhos.

LAME DEER (SÉCULO XX)

A função característica do ser humano é viver e não apenas existir.

JACK LONDON (SÉCULOS XIX-XX)

A falta de sentido na vida é uma doença da alma que nossa era ainda não conseguiu compreender em seu pleno alcance e completa importância.

C. G. JUNG (SÉCULO XX)

O grande mal do século XX, algo que está vinculado a todos os nossos problemas e nos afeta individualmente e socialmente, é "a perda da alma". Quando a alma é negligenciada, ela não desaparece simplesmente; manifesta-se de modo sintomático através de obsessões, vícios, violência e perda de sentido das coisas. Nosso impulso é isolarmos esses sintomas ou tentar erradicá-los um a um; mas a raiz da questão é que perdemos a sabedoria sobre a alma, até mesmo nosso interesse por ela.

THOMAS MOORE (SÉCULO XX)

Todas as almas são criadas para determinado propósito — a luz desse propósito está acesa em cada uma delas.

SA'DI (SÉCULO XIII)

~

Para permanecer saudável, o ser humano precisa ter um objetivo, um propósito na vida que possa respeitar, e ter orgulho de trabalhar para conquistá-lo.

HANS SELYE (SÉCULO XX)

~

Alcançar ou vivenciar a felicidade é a razão da vida.

TENZIN GYATSO, 14º DALAI-LAMA DO TIBET (SÉCULO XX)

~

Este é o nosso objetivo: fazer esta vida que nos foi concedida tão significativa quanto possível; viver de tal modo que possamos nos orgulhar de nós mesmos; agir de maneira que alguma parte de nós permaneça.

OSWALD SPENGLER (SÉCULO XX)

~

Conduzir a vida de maneira que se sinta realizado — para mim, essa é a maior conquista possível para um ser humano.

HENRIK IBSEN (SÉCULO XIX)

~

A maior utilidade da vida é usá-la em prol de alguma coisa que sobreviva a ela.

WILLIAM JAMES (SÉCULO XIX)

~

Na vida de muitas pessoas é possível encontrar um propósito unificador que justifique as ações que elas realizam todos os dias — um objetivo que, como um campo magnético, atrai sua energia física, uma meta da qual dependem todos os intentos menores... Sem tal propósito, até mesmo a consciência mais bem organizada perde o sentido.

MIHALY CSIKSZENTMIHALYI (SÉCULO XX)

~

Vida significa ter algo definido para fazer — uma missão a cumprir —, e, quando evitamos estabelecer um propósito para ela, nós a tornamos vazia. A vida humana, por sua própria natureza, tem que ser dedicada a alguma coisa.

JOSÉ ORTEGA Y GASSET (SÉCULO XX)

O que dá sentido à vida é estarmos conectados a algo acima do nosso próprio ego. Essa é uma experiência essencialmente espiritual.

JAMES W. JONES (SÉCULO XX)

Só Deus é Real e o objetivo da vida é nos unirmos a Ele através do Amor.

MEHER BABA (SÉCULO XX)

Repetidas vezes os textos sagrados nos ensinam que o propósito da vida é entender e desenvolver o poder do espírito, poder que é vital para nosso bem-estar físico e mental.

CAROLINE MYSS (SÉCULO XX)

Se você crê em Deus, então sua busca deve ser por Deus; mas, mesmo se não acreditar em nada, ainda assim você deve ter alguma convicção de que existe um *sentido* por trás do mundo visível. Precisa determinar-se a buscar esse sentido e a compreendê-lo.

SHIVAPURI BABA (SÉCULO XX)

Voltar às raízes é encontrar o sentido.
Mas perseguir as aparências é perder a fonte.

SENG-TS'AN (SOSAN) (SÉCULO VI)

Embora todos os seres humanos tenham um destino comum, cada indivíduo deve trabalhar também em favor da sua própria salvação... Em última análise, cada um é responsável por "encontrar a si mesmo".

THOMAS MERTON (SÉCULO XX)

Viver é uma estranha troca. A vida pouco nos deve; nós devemos tudo a ela. A única felicidade verdadeira advém de nos excedermos por um propósito.

WILLIAM COWPER (SÉCULO XVIII)

Harmonizar nossa vontade com a lei divina é compreender nosso objetivo na vida. Por que estou aqui, quais são meus dons? A vida humana é uma grande oportunidade. Cada um de nós possui habilidades especiais, um papel particular no círculo. Essa consciência só se manifesta quando a pessoa dedica suas qualidades naturais ao bem da família, do grupo, da nação, de todos os seres.

DHYANI YWAHOO (SÉCULO XX)

Aquele que tem uma razão para viver pode suportar quase tudo.

FRIEDRICH NIETZSCHE (SÉCULO XIX)

As pessoas dizem que todos nós buscamos um sentido para a vida. Não acho que seja exatamente isso. Penso que procuramos algo que nos prove que estamos vivos, a fim de que as experiências no plano puramente físico encontrem ressonância no fundo do nosso ser e da nossa realidade, para podermos, de fato, sentir o êxtase de estarmos vivos.

JOSEPH CAMPBELL (SÉCULO XX)

A mais antiga sabedoria do mundo nos diz que podemos nos manter conscientemente em unidade com o divino enquanto estivermos neste corpo, pois o ser humano de fato nasceu. Se a pessoa não encontra seu destino, a natureza não tem pressa; vai apanhá-la algum dia e obrigá-la a cumprir o propósito secreto que lhe reservou.

SARVEPALLI RADHAKRISHNAN (SÉCULO XX)

De nada vale uma pessoa tentar dizer à outra qual é o significado da vida. Isso envolve uma percepção muito íntima. Grande parte desse significado está na própria descoberta do que a vida é. Trata-se de uma experiência progressiva de crescimento que demanda um aprofundamento do contato com a realidade. Lidar com isso como se fosse um conhecimento objetivo, como a data da batalha de 1812, não tem a menor lógica. De fato, o sentido da vida é objetivo quando o alcançamos, mas o caminho até ele passa por uma série de subjetividades... O significado da vida não pode ser descrito, tem que acontecer para cada pessoa.

IRA PROGOFF (SÉCULO XX)

~

Não importa em que situação você esteja agora, há um propósito para ela, e acredito que isso seja do seu conhecimento. Talvez você não queira ficar nessa situação por muito tempo, mas um objetivo significativo o conduziu a esse ponto. Ao trabalhar com as condições específicas à sua frente, você começará a descobrir coisas sobre si mesmo que lhe fornecerão as pistas para o passo seguinte. Seu trabalho será olhar, ouvir, sentir, escolher e agir.

CAROL ADRIENNE (século XX)

~

Precisamos ser capazes de nos acalmar e sintonizar nosso espírito na consciência universal para conhecermos o objetivo da vida. E, uma vez conhecido, o melhor a fazer é persegui-lo, apesar de todas as dificuldades. Nada deve nos desencorajar, nada deve nos deter, porque sabemos qual é o propósito da nossa vida.

HAZRAT INAYAT KHAN (SÉCULO XX)

Onze

TRABALHE PARA VIVER — O VERDADEIRO TRABALHO É SERVIR

AO OLHARMOS NA DIREÇÃO DO FUTURO, talvez queiramos repensar a atitude que temos em relação ao trabalho. Ele é uma parte essencial da vida — trabalhamos para viver, embora no mundo ocidental cada vez mais pareça que vivemos para trabalhar. O mundo do trabalho mudou tanto que mal o reconhecemos — são longas horas de atividade, pressão pelo desempenho e prazos apertados. Conquistar lucros cada vez maiores já é algo controverso, e, quando esse tipo de objetivo se torna muito freqüente, o resultado costuma ser um estilo de vida desequilibrado, doentio e insatisfatório.

O trabalho deveria ser mais do que um meio para obtermos dinheiro e nos sustentarmos ou para alcançarmos um propósito. Não há nenhuma razão para que ele não nos proporcione essas coisas; contudo, se não nos deixarmos iludir pela satisfação e pelo prazer e se desejarmos que nossa vida seja mais saudável, então o trabalho tem que ter um sentido. Necessitamos usar nossos talentos e habilidades, colocar nossa energia em algo de que possamos nos orgulhar e que esteja a serviço dos outros. Se não estivermos utilizando nossas qualidades naturais para dar um significado à vida, precisaremos nos empenhar para encontrar outras maneiras de empregá-las. Na parábola dos talentos do Novo Testamento, Jesus deixa bem claro como é importante usarmos as aptidões que possuímos em benefício dos outros e não permitirmos que elas sejam desperdiçadas.

A adoção de um modo de vida correto é um dos oito conceitos-chaves do caminho do budismo e prega a idéia de que o trabalho de uma pessoa seja útil para as outras. A exploração do próximo, os investimentos antiéticos, a utilização dos recursos naturais sem que haja uma reposição — todos são assuntos cada vez mais importantes para o futuro.

Não podemos ser pessoalmente responsáveis por todas as coisas erradas no mundo, mas somos capazes de manter nossa própria casa em ordem e fazer o possível para servir os outros. Isso não quer dizer, necessariamente, alimentar famintos e desabrigados ou trabalhar com doentes terminais. Podemos prestar contribuições significativas por meio de atitudes simples no dia-a-dia — pelo modo como nos comportamos no local de trabalho, pela forma como usamos o tempo livre e pelo nosso jeito de tratar as pessoas. Quanto mais nos doamos, mais recebemos em troca, e, no processo, ficamos mais em paz com nós mesmos.

É impossível ter a esperança de construir um mundo melhor sem que melhoremos o indivíduo. Tendo isso em mente, cada um de nós deve trabalhar para alcançar seu desenvolvimento máximo e, ao mesmo tempo, aceitar sua parcela de responsabilidade na vida da humanidade — e é nosso dever particular ajudar as pessoas a quem sentimos que podemos ser mais úteis.

MARIE CURIE (SÉCULOS XIX-XX)

Não podemos viver apenas para nós mesmos. Milhares de fibras nos conectam a outras pessoas; e entre essas fibras, como fios que têm afinidade, nossas ações partem como causas e retornam para nós como efeitos.

HERMAN MELVILLE (SÉCULO XIX)

Está mais do que na hora de substituir o ideal do sucesso pelo ideal do serviço.

ALBERT EINSTEIN (SÉCULOS XIX-XX)

Ninguém pode almejar o bem mais elevado para si mesmo sem, ao mesmo tempo, promover o bem para os outros. Uma vida baseada em um estreito interesse por si próprio não pode ser avaliada por nenhuma medida justa. Quando buscamos o que há de melhor em nós, estamos também zelando ativamente pelo bem-estar do próximo. Nosso contato humano não se restringe às poucas pessoas com as quais fazemos negócios nem aos indivíduos proeminentes, ricos ou bem-educados, mas se estende a todos os nossos irmãos.
Veja-se como um cidadão de uma comunidade mundial e aja e acordo com isso.

EPICTETO (SÉCULOS I-II)

Nossa era tem sua missão particular... criar uma civilização fundada na natureza espiritual do trabalho.

SIMONE WEIL (SÉCULO XX)

Todos nós, sem exceção, temos uma profunda necessidade de doar — doar à Terra, doar aos outros, doar à sociedade, trabalhar, amar, cuidar do planeta. Isso funciona para cada ser humano. E as pessoas que não pensam assim ou foram reprimidas ou já sofreram alguma violência. Mas elas ainda vão descobrir. Esperamos por isso.

É muito grande a dor de quem não encontra uma maneira de doar. Um dos maiores sofrimentos humanos é o de não descobrir um modo de amar ou um lugar onde possa trabalhar e doar seu coração e seu ser.

JACK KORNFIELD (SÉCULO XX)

É importante trabalharmos para as futuras gerações, para os nossos descendentes. Devemos nos orgulhar de fazermos alguma coisa, mesmo que as pessoas geralmente não saibam o valor disso.

SHUNRYU SUZUKI-ROSHI (SÉCULO XX)

Se o indivíduo trabalha apenas para si mesmo, poderá vir a ser um famoso erudito, um grande sábio, um poeta renomado, mas jamais alguém genuinamente grande e completo. A História chama essas pessoas de os maiores... aqueles que se enobrecem trabalhando para o propósito universal.
A experiência exalta como o mais feliz aquele que fez mais pessoas felizes.

KARL MARX (SÉCULO XIX)

O ser humano se engrandece no exato grau em que trabalha para o bem-estar do seu semelhante.

MAHATMA GANDHI (SÉCULO XX)

O mais nobre serviço vem de mãos desconhecidas,
E o melhor empregado faz seu trabalho escondido.

OLIVER WENDELL HOLMES (SÉCULO XIX)

~

Só serão realmente felizes os que tiverem procurado e encontrado um meio de servir.

ALBERT SCHWEITZER (SÉCULO XX)

~

Dormi e sonhei que a vida era felicidade
Acordei e vi que a vida era serviço
Agi e percebi: serviço era felicidade.

RABINDRANATH TAGORE (SÉCULOS XIX-XX)

~

Está em meu poder servir a Deus ou não o servir. Servindo-o, acrescento ao meu próprio bem e ao bem de todo o universo.
Não o servindo, abro mão do meu próprio bem e privo o mundo do bem que estava em meu poder criar.

TOLSTÓI (SÉCULO XIX)

~

Uma das mais belas compensações desta vida é que nenhum ser humano pode sinceramente ajudar o outro sem que esteja ajudando a si mesmo.

RALPH WALDO EMERSON (SÉCULO XIX)

Enquanto vivemos, somos transmissores de vida, e, quando falhamos nesse processo, a vida deixa de fluir através de nós... Se quando trabalhamos conseguimos transmitir vida na nossa atividade, recebemos ainda mais vida para compensar, para tornar disponível, e assim nos movemos com ela através dos dias...

Dê e lhe será dado, isto ainda é uma verdade. Mas dar vida não é tão fácil. Não significa distribuí-la de modo ingênuo nem permitir que suguem a sua.

...Significa inflamar a força da vida onde ela estava apagada, mesmo que seja apenas na brancura de um lenço de bolso lavado.

D. H. LAWRENCE (SÉCULO XX)

E o que é trabalhar com amor?
É tecer uma roupa com fios tirados do seu coração, como se ela fosse ser usada pelos que você ama.
É construir uma casa com afeto, como se ela fosse servir de morada para os que você ama.
É plantar sementes com ternura e fazer a colheita com alegria, como se os frutos fossem para alimentar os que você ama.
É impregnar todas as suas ações com o sopro do seu próprio espírito...

KAHLIL GIBRAN (SÉCULO XX)

Sua tarefa é descobrir seu trabalho e dedicar-se a ele de todo o coração.

BUDA (SÉCULO VI A. C.)

Ensina-nos, bom Deus,
A servir-te como mereces;
A dar e não considerar o custo,
A lutar e não temer as feridas,
A mourejar e não buscar descanso,
A trabalhar e não pedir nenhuma recompensa,
A guardar o ensinamento de que faremos a tua vontade;
Por Jesus Cristo, nosso Senhor. Amém.

INÁCIO DE LOIOLA (SÉCULO XVI)

Sejam bons administradores dos diferentes dons que receberam de Deus. Que cada um use seu próprio dom para o bem dos outros! Quem prega pregue a palavra de Deus; quem serve sirva com a força que Deus dá. Façam assim para que em tudo Deus seja louvado por meio de Jesus Cristo, a quem pertencem a glória e o poder para todo o sempre!

1 PEDRO 4:10-11 (SÉCULO I)

Faça-nos merecedores, Senhor,
de servir nossos irmãos de todo o mundo,
que vivem e morrem pobres e famintos.
Dê-lhes hoje, por nossas mãos,
esse pão diário,
e através do nosso amor compreensivo
conceda-lhes paz e alegria.

PAPA PAULO VI (SÉCULO XX)

Ensina-me, meu Deus e meu Rei,
A ver-te em todas as coisas;
E tudo o que eu fizer
Ao teu louvor dedicarei!

Um servo que tem isso em mente
Torna divino o trabalho árduo;
Quem varre uma sala conforme tuas leis
Faz tudo de forma excelente.

GEORGE HERBERT (SÉCULO XVII)

Cada pequena tarefa da vida diária é parte da harmonia total do universo.

SANTA TERESA DE LISIEUX (SÉCULO XIX)

Cem vezes por dia eu lembro a mim mesmo de que minha vida, interior e exterior, depende dos trabalhos de outras pessoas, vivas e mortas, e que devo me empenhar para dar na mesma proporção que recebi e que ainda recebo.

ALBERT EINSTEIN (SÉCULOS XIX-XX)

~

A vida das grandes pessoas nos lembra
De que podemos tornar a nossa sublime,
E, ao partirmos, deixar atrás de nós
firmes pegadas nas areias do tempo.

HENRY WADSWORTH LONGFELLOW

~

Os sábios devotam-se ao bem-estar de todos porque se vêem em todas as coisas.

UPANIXADE (SÉCULO VI A.C.)

~

Deixar o mundo um pouco melhor,
seja como for: tornando uma criança saudável, criando um jardim,
ajudando alguém a melhorar sua condição social;
saber que ao menos uma vida respirou com mais facilidade
porque você existiu:
isto é ter sucesso.

THOMAS STANLEY (SÉCULO XVII)

A maior recompensa pelo trabalho humano não é o que se ganha com ele mas no que ele nos torna.

JOHN RUSKIN (SÉCULO XIX)

Busquei minha alma, mas não consegui vê-la.
Busquei meu Deus, mas meu Deus não se revelou.
Busquei meu irmão e encontrei os três.

ANÔNIMO

Pois eu estava com fome, e vocês me deram comida; estava com sede, e me deram água. Era estrangeiro, e me receberam na sua casa. Estava sem roupa, e me vestiram; estava doente, e cuidaram de mim. Estava na cadeia, e foram me visitar.

MATEUS 25:35-6 (SÉCULO I)

Não há passageiros na nave espacial Terra. Todos são tripulantes.

MARSHALL MCLUHAN (SÉCULO XX)

~

Esta é a verdadeira alegria da vida: a utilização do ser em um propósito que ele reconhece como poderoso; o ser completamente exausto antes de ser jogado em uma pilha de sucata; o ser como uma força da natureza em vez de um aglomerado de doenças e ressentimentos, queixando-se, com exaltação e egoísmo, de que o mundo não vai se dedicar a fazê-lo feliz.

Minha vida pertence à comunidade mundial, e, enquanto eu viver, é meu privilégio fazer por ela tudo o que puder. Desejo estar inteiramente extenuado quando morrer. Pois, quanto mais trabalho duro, mais vivo. Alegro-me na vida para o próprio bem dela. A vida, para mim, não é uma vela que se consome rapidamente. É como uma tocha esplêndida que me coube segurar por um tempo, e desejo que ela brilhe tão intensamente quanto possível antes de transmiti-la às futuras gerações.

GEORGE BERNARD SHAW (SÉCULOS XIX-XX)

~

Bom Deus! Faça com que me ocupe convosco, para que eles não possam fazer com que me ocupe com eles.

RABI 'A AL ADAWIYYA (SÉCULO VIII)

O que quer que você faça, torne isso uma oferenda para mim — o alimento que você come, os sacrifícios que você faz, a ajuda que você dá, até mesmo o seu sofrimento.

BHAGAVAD GITA (SÉCULO II A.C. – SÉCULO II D.C.)

Não faço distinção entre a hora do trabalho e o período de oração; e no barulho e na confusão da minha cozinha, enquanto várias pessoas pedem diferentes coisas ao mesmo tempo, tenho Deus em mim como uma grande tranqüilidade, como se eu estivesse de joelhos diante do santíssimo sacramento.

IRMÃO LAWRENCE (SÉCULO XVII)

Esta e somente esta
É a verdadeira religião:
servir a teus irmãos.

Isto é o maior dos pecados:
magoar teus irmãos.

Assim, a fé é alegria,
A falta dela é miséria e dor.

Abençoado é quem não se desvia
Desse caminho estreito;
Abençoado é quem vive a vida
Servindo a Deus incessantemente.
Suportando o fardo dos outros,
E assim exclusivamente
É a vida, a verdadeira vida, a ser alcançada.

Nada é difícil para a pessoa que, pondo de lado a si mesma,
Tem apenas um pensamento —
Como posso servir meu semelhante?

TULSIDAS (SÉCULOS XVI-XVII)

Faça todo o bem que puder,
Usando todos os meios que puder,
De todas as maneiras que puder,
Em todos os lugares que puder,
Por todas as horas que puder,
A todas as pessoas que puder,
Enquanto você puder.

JOHN WESLEY (SÉCULO XVIII)

Todos os tipos de trabalho podem ser prazerosos. Mesmo as simples tarefas domésticas nos dão a oportunidade de praticar e expandir nosso cuidado, nossa eficiência e nossa sensibilidade.

Ao realizarmos o trabalho com esmero e perspicácia, desenvolvemos a capacidade de responder plenamente a tudo na vida. Toda ação produz uma energia que pode ser partilhada com os outros. Essas qualidades de atenção e sensibilidade são os maiores presentes que podemos oferecer.

TARTHANG TULKU (SÉCULO XX)

A vida é um campo e nascemos para cultivá-lo.
...Tudo pelo que sua alma anseia e tudo de que você precisa é ser levado do campo, se souber como cultivá-lo e como colher o fruto.

KABIR (SÉCULO XV)

Pode parecer estranho, mas a vida torna-se serena e apreciável precisamente quando os prazeres egoístas e o sucesso pessoal deixam de ser os objetivos que perseguimos.

MIHALY CSIKSZENTMIHALYI (SÉCULO XX)

Tome a decisão de servir em qualquer lugar que você for e a quem quer que você veja. Enquanto estiver servindo, estará recebendo. Quanto mais servir, mais confiança vai adquirir nos efeitos milagrosos desse princípio de vida.

GREG ANDERSON (SÉCULO XX)

Doze

VIVA COM SIMPLICIDADE — E TORNE-SE "CHEIO DE TEMPO" EM VEZ DE "ESPREMIDO PELO TEMPO"

EM UM MUNDO CADA VEZ MAIS COMPLEXO, viver com simplicidade é um grande desafio. O trabalho e a cultura do consumo são sedutores, mas uma hora percebemos que já nos sacrificamos bastante. De repente, constatamos que a vida ficou muito complicada e que estamos totalmente esgotados. O progresso financeiro muitas vezes significa a perda do contato com as coisas simples. Lutar pela sobrevivência em uma sociedade afluente significa falta de tempo para desfrutar o que conquistamos, pouco tempo para nossos relacionamentos e nenhum tempo para nós. Prazeres simples nos proporcionam mais satisfação do que bens materiais, passatempos comuns não custam tanto dinheiro, comidas triviais provavelmente nos mantêm mais saudáveis, e, quando vivemos de modo simples, temos menos chances de nos estressar e adoecer.

O excesso de compromissos, obrigações e atividades tende a nos levar à fragmentação e à alienação, a tirar nosso equilíbrio, algo pelo qual todos ansiamos. Se eliminarmos algumas distrações sem sentido e diminuirmos o ritmo, reavaliando nosso dia-a-dia e aquilo de que precisamos, viveremos mais criativamente, e isso significa mais satisfação e mais alegria. Deixando de nos sobrecarregar com tantas coisas, passamos a viver mais. Ficamos “cheios de tempo” em vez de “espremidos pelo tempo”!

O problema é... como permanecermos inteiros no meio das distrações da vida; como continuarmos equilibrados, não importa quais forças centrífugas tendam a nos puxar do centro; como nos mantermos fortes, não importa quais choques ocorram no aro da roda e possam quebrar seu eixo.

ANNE MORROW LINDBERGH (SÉCULO XX)

Ensina-nos a apreciar as coisas simples.

RUDYARD KIPLING (SÉCULOS XIX-XX)

Não somos ricos por causa das coisas que possuímos,
Mas pelo que podemos fazer sem possuí-las.

IMMANUEL KANT (SÉCULO XVIII)

A simplicidade permite que os sentidos descansem da excitação.

GUNILLA NORRIS (SÉCULO XX)

Simplicidade, simplicidade, simplicidade! Tenha dois ou três afazeres e não cem ou mil; em vez de um milhão, conte meia dúzia... No meio desse mar agitado da vida civilizada há tantas nuvens, tempestades, areias movediças e mil e um itens a considerar, que o ser humano tem que se orientar — se ele não afundar e definitivamente acabar não fazendo sua parte — por uma técnica simples de previsão, além de ser um grande calculista para ter sucesso. Simplifique, simplifique.

HENRY DAVID THOREAU (SÉCULO XIX)

~

É um presente ser simples, é um presente ser livre.

HINO *SHAKER* (SÉCULO XVIII)

~

Não existe grandeza onde não há
simplicidade, bondade e verdade.

TOLSTÓI (SÉCULO XIX)

~

Viver feliz com meios modestos,
buscar a elegância em vez do luxo
e o refinamento em vez de modismos,
ser digno, não importante, e farto, não rico,
estudar bastante, pensar em silêncio, falar com gentileza, agir francamente,
ouvir as estrelas e os pássaros, os tolos e os sábios, com o coração aberto,
suportar tudo alegremente,
fazer tudo com bravura,
aguardar as ocasiões,
jamais se apressar —
em uma palavra, deixar que o espiritual, a espontaneidade e o inconsciente
sobressaiam através das coisas simples.
Essa vai ser a minha sinfonia.

WILLIAM ELLERY CHANNING (SÉCULO XIX)

Vou me levantar agora, vou para Innisfree,
Lá farei uma pequena cabana, de barro e varas trançadas:
Nove fileiras de sementes vou ter, uma colméia também,
E viverei sozinho numa clareira na terra das abelhas.

Lá terei um pouco de paz, pois a paz
Insinua-se lentamente;
Goteja dos véus da manhã até o cantar do grilo;
Lá à meia-noite tudo é lampejo, ao meio-dia resplandece uma mistura de vermelho e azul,
E a tarde é repleta de asas de pintarroxos.

Vou me levantar e vou agora, pois passo noite e dia
Ouvindo as águas do lago marulhar baixinho de encontro às margens;
E, quando paro no meio da estrada ou nos caminhos acinzentados,
Ouço tudo lá no fundo do meu coração.

W. B. YEATS (SÉCULOS XIX-XX)

Abandone a ânsia excessiva pelo saber;
Há perda de tempo demais nisso.
Existem muitas coisas cujo conhecimento é de pouca ou nenhuma importância para a alma.

TOMÁS DE KEMPIS (SÉCULO XV)

Manifeste naturalidade,
Adote a simplicidade,
Reduza o egoísmo,
Deseje menos.

LAO-TZU (SÉCULO IV A.C.)

~

Indolente demais para ter ambição,
Vou deixar o mundo por sua conta.
Tenho arroz para dez dias;
um feixe de galhos ao lado da lareira.
Para que falar de ilusão e iluminação?
Aprendendo a escutar a chuva de noite em meu telhado,
Sento-me confortavelmente com as pernas esticadas.

RYOKAN (SÉCULOS XVIII-XIX)

~

A grande lição... é que o sagrado está *dentro* das coisas comuns e pode ser encontrado no dia-a-dia da pessoa, na vizinhança, nos amigos e na família, no quintal de cada um...

ABRAHAM MASLOW (SÉCULO XX)

~

Ao lado da grande arte de fazer as coisas,
existe a grande arte de deixar as coisas por fazer.
A sabedoria da vida consiste
na eliminação do que não é essencial.

LIN YUTANG (SÉCULO XX)

Estou convencido, pela fé e pela experiência, de que se manter sobre a Terra não é uma provação, mas um passatempo — se vivermos de maneira simples e sábia.

HENRY DAVID THOREAU (SÉCULO XIX)

Cultivar conscientemente a simplicidade em nossa vida e dentro de nós é um dos meios mais diretos de alcançarmos o bem-estar, a paz e a harmonia... Se dermos profundo valor a uma mente e a um coração mais serenos, abertos e sensíveis, podemos simplificar a vida. Cultivar a simplicidade tem sérias implicações não só quanto à qualidade do nosso próprio bem-estar mas também quanto à qualidade do mundo. Quando, de modo espontâneo ou consciente, escolhemos um estilo de vida simples, usamos apenas aquilo de que precisamos...

CHRISTINA FELDMAN (SÉCULO XX)

Ninguém consegue colecionar todas as lindas conchas da praia. Só se consegue catar umas poucas, e quanto mais raras, mais bonitas são. A única concha do caracol causa mais impacto do que três. Há apenas uma lua no céu. Um pôr-do-sol duplo é um acontecimento, mas seis deles tornam-se uma série, como os dias de uma semana escolar. Aos poucos, a pessoa vai se desfazendo dos excessos e guarda apenas o exemplar perfeito; não necessariamente a concha rara, mas a mais perfeita daquela espécie. Separa-a das outras e deixa-a sozinha circundada de espaço — como uma ilha.

Pois a beleza só floresce quando tem o espaço como moldura. É no espaço que se encontram os acontecimentos, os objetos e as pessoas especiais e significativas — e, portanto, a beleza...

ANNE MORROW LINDBERGH (SÉCULO XX)

Busque simplesmente pela beleza e é provável que você não a encontre. Procure criar e amar sem se preocupar com a felicidade e há grandes chances de que seja feliz na maior parte do tempo. Procurar a felicidade dentro de si mesmo não a trará para você. Trabalhe para gerar uma comunhão e conseguirá alcançá-la — embora nunca exatamente do jeito que você planejou. A felicidade é um efeito colateral incapturável, embora completamente previsto, da verdadeira comunhão.

M. SCOTT PECK (SÉCULO XX)

Meus afazeres diários são bem corriqueiros;
mas estou em absoluta harmonia com eles.
Não me prendo a nada, nada rejeito;
Não vejo obstáculo nem conflito.
Quem se importa com riqueza e fama?
Até a coisa mais pobre tem seu brilho.
Eis aqui meu poder milagroso e a minha atividade espiritual:
Tirar água e carregar lenha.

LAYMAN P'ANG (SÉCULO VIII)

Referências bibliográficas

ADRIENNE, Carol. *The Purpose of Your Life.* Hammersmith, Londres: Thorsons, 1998.

ANDERSON, Greg. *Guia prático para o sucesso — Vivendo a vida com propósito.* São Paulo: Madras, 1999.

BASSETT, E. (ed.). *Love is my Meaning.* Londres: Darton, Longman & Todd, 1973.

BÍBLIA SAGRADA — Nova tradução na linguagem de hoje. São Paulo: Sociedade Bíblica do Brasil, 1998.

CAMPBELL, Joseph, MOYERS, Bill. *O poder do mito.* 14. ed. São Paulo: Palas Athena, 1996.

COUSINEAU, Phil (ed.) *Soul: An Archaeology — Readings from Socrates to Ray Charles.* São Francisco: HarperSanFrancisco, 1994.

CSIKSZENTMIHALYI, Milahy. *The Evolving Self.* Nova York: HarperPerennial,1994.

CUMMINGS, E. E. (ed. George J. Firmage). *Complete Poems 1904-62.* W. W. Norton.

DILLARD, Annie. *Holy the Firm.* Nova York: HarperCollins, 1977.

_____. *Pilgrim at Tinker Creek.* Londres: Picador, 1976.

EPICTETO (nova interpretação de Sharon Lebell). *A Manual for Living.* São Francisco: HarperSanFrancisco, 1994.

FOUNDATION FOR INNER PEACE. *A Course in Miracle.* Califórnia: Tiburon, 1975.

FRY, Christopher. *A Sleep of Prisioners,* © OUP 1951, 1959.

GEORGE, Dan Chefe. "My Heart Soars". *Saanichtoni.* Washington: Hancock House Publishers, 1974.

GIBRAN, Kahlil. *O profeta.* São Paulo: Madras, 2003.

GUILLEVIC. "When Each Day is Sacred". *Selected Poems.* Trad. de Denise Levertov. Nova York: New Directions Publishing, © 1969.

HAY, Louise. *Você pode curar sua vida.* São Paulo: Best Seller, 2001.

KHAN, Hazrat Inayat. *Gayan Vadan Nirtan.* Sufi Order Publications. Nova York: Lebanon Springs, 1980.

HOUSTON, Jean. *Paixão pelo possível — Um guia para a realização do seu verdadeiro potencial.* São Paulo: Cultrix, 1999.

JONES, James W. *A descoberta do verdadeiro eu — No meio dessa estrada que chamamos vida.* São Paulo: Pandora, 2000.

JAMPOLSKY, Gerald G. *Amar é libertar-se do medo.* São Paulo: Editora Fundação Peirópolis, 1999.

KABAT-ZINN, Jon. *A mente alerta — Como viver intensamente cada momento de sua vida através da meditação.* Rio de Janeiro: Objetiva, 2001.

KEAY, Kathy. "In The Garden". *Laughter, Silence and Shouting: An Anthology of Women's Prayers.* Nova York: HarperCollins, 1994.

KORNFIELD, Jack, FELDMAN, Christina. *Soul Food: Stories to Nourish the Spirit and the Heart.* São Francisco: HarperSanFrancisco, 1996.

LAMA, Dalai. *The Power of Compassion.* Hammersmith, Londres: Thorsons, 1995.

LAO-TZU. *Tao te ching.* São Paulo: Martins Fontes, 2002.

LINDBERGH, Anne Morrow. *Presente do mar.* Belo Horizonte: Crescer Editora, 1997.

MARCINIAK, Barbara. *Mensageiros do amanhecer: Ensinamentos das plêiades.* São Paulo: Ground, 1996.

MITCHELL, Stephen (ed.). *The Enlightened Heart: An Anthology of Sacred Poetry.* Harper & Row, 1989.

MOORE, Thomas. *Cuide de sua alma.* São Paulo: Siciliano, 1994.

MYSS, Caroline. *Anatomia do espírito — Os sete estágios do poder e da cura*. Rio de Janeiro, Rocco, 2000.

NORRIS, Gunilla. *Sharing Silence: Meditation Practice and Mindful Living*. Nova York: Bell Tower, 1992.

P'ANG, Layman. *The Enlightened Heart*. Trad. de Stephen Mitchell. Nova York: HarperCollinsPublishers, 1989.

PEARSON, Carol S. *O despertar do herói interior*. São Paulo: Pensamento, 1995.

POUND, Ezra. *Collected Shorter Poems*. Londres: Faber & Faber, 1968.

RILKE, Rainer Maria. *The Book of Hours*. Trad. de Anita Barrows e Joanne May. Nova York: Riverhead Books, 1997.

RINPOCHE, Sogyal. *O livro tibetano do viver e do morrer*. São Paulo: Talento, Palas Athena, 1999.

RYOKAN. *The Enlightened Heart*. Trad. de Stephen Mitchell. Nova York: HarperCollins Publishers, 1989.

SCOTT Peck, M. *A trilha menos percorrida — Uma nova psicologia do amor, dos valores tradicionais e do crescimento espiritual*. Rio de Janeiro: Imago, 1994.

SONDHEIM, Stephen. *Into the Woods*. IMP.

THOREAU, Henry D. *Walden, ou, A vida nos bosques*. 6. ed. São Paulo: Aquariana, 2001.

TOMS, Justine Willis e TOMS, Michael. *True Work*. Nova York: Bell Tower, 1999.

TRINE, Ralph Waldo. *Em harmonia com o infinito*. São Paulo: Pensamento.

VAUGHAN, Frances E. *Awakening Intuition*. Anchor Press. Nova York: Doubleday, 1979.

WOODMAN, Marion. *Coming Home to Myself*. Berkeley: Conari Press, 1998.

YANCEY, Philip. *Deus sabe que sofremos*. São Paulo: Vida, 1985.

YEATS, W. B. "The Lake Isle of Innisfree". *Selected Poems*. Macmillan, 1982.

Informações sobre os Próximos Lançamentos

Para receber informações sobre os próximos lançamentos da Editora Sextante, queira entrar em contato com nossa Central de Atendimento, dando seu nome, endereço e telefone para:

Editora Sextante
Rua Voluntários da Pátria, 45 — Gr. 1.404 — Botafogo
22270-000 — Rio de Janeiro — RJ
Tel.: (21) 2286-9944 — Fax: (21) 2286-9244
DDG: 0800-22-6306 (ligação gratuita)
E-mail: atendimento@esextante.com.br

Para saber mais sobre nossos títulos e autores, e enviar seus comentários sobre este livro, visite o nosso site:
www.sextante.com.br